実践的
高校教育論

90人の
教育者の仕事・生き方

宇田津一郎［編著］

学事出版

〈刊行に寄せて〉

海図無き時代の羅針盤

桜美林大学教授、国立教育政策研究所元所長　**大槻　達也**

この度、宇田津一郎先生編集の『実践的高校教育論』が刊行されるはこびとなった。先生ほど、全国各地の高校で多数の校長、教頭、教員や教育行政関係者、保護者の皆さんの声を聴き、また卓見を示してこられた方は少ないだろう。また、これまで、学事出版から『実践的校長論』(2003年) 以降5冊の編著書を上梓されてもいる。

先生に初めてお目にかかったのは、その2冊目『実践的学力向上論』(2004年) に寄稿した、今から16年ほど前にさかのぼる。当時は、いわゆる学力低下論がたけなわで、文部科学省の教育課程課長として、『「確かな学力」向上へ向けた文部科学省の施策』と題する拙文を掲載していただいた。それをご縁として、同省の総括審議官や国立教育政策研究所長などの在任中を通じ、親しくご指導いただいている。

同書への寄稿文には、今後の課題の一つとして、次のように記述した。「国民の期待に応える上でも、初等中等教育が社会や高等教育にどのように接続していくかが重要である。特に大学入試は高校以下の教育に極めて大きな影響を及ぼすものであり、知識・技能のみならず思考力・判断力・表現力などを含む『確かな学力』をしっかり判定する選抜が進められるよう大学関係者の積極的な対応を求めたい」。だが、16年を経た今日、喫緊の課題とされる高大接続改革も、関係者の努力に関わらず、先行きを見通すことが困難になっている。

この間、学習指導要領は2度改訂され、2022年度からは、社会に開かれた教育課程、カリキュラム・マネジメント、主体的・対話的で深い学びの実現などを特色とする高校の新学習指導要領が学年進行で実施される。さらに高校改革については、総理の諮問機関、教育再生実行会議が第十一次提言「技術の進展に応じた教育の革新、新時代に対応した高等学校改革について」(2019年5月) を取りまとめ、中央教育審議会が新時代に対応した高校教育の在り方について検討を重ねている。

この他、学校における働き方改革など難問が山積する一方で、近年では、高等学校等就学支援金や高校生等奨学給付金などの仕組みが整えられるとともに、高等教育進学が家庭の経済的理由に左右されないよう修学支援新制度が始まるなど、希望をつなぐ経済的支援策も実現しつつある。

さて、高校には、多様性を増す生徒を受け入れ、教育し、社会や高等教育機関に送り出す役割が求められている。その現代社会は、「VUCA の時代」とも言われ、変動の激しさ、複雑さや見通しの困難さなどが特徴の一つとして挙げられる。そのような近未来に求められる教育の在り方については、経済協力開発機構（OECD）の EDUCATION 2030など、我が国のみならず諸外国や国際機関等で模索が続けられている。他方、教員自身が、いわば海図無き時代に進むべき方向を見失わず、自らを高め、後進を導いていくことも肝要だ。そのためには何が求められるのだろうか。

国立教育政策研究所が行った研究の一つに、「教員の質の向上に関する調査研究」（2007～10年度）がある。教育委員会推薦の優秀教員に対する質問紙調査の結果、その力量形成は、ライフコースを通して、学校内外での優秀な教員との出会い、授業研究や研究指定など教員間の学び合いから大きな影響を受けたとの知見が得られた。だが、多くの教員にとって、身近にロールモデルとなる教員の存在や、切磋琢磨の機会がそれほど多くあるわけではない。特に昨今は、教員同士のつながりの希薄化を懸念する声もある。そんな折に参照したいのが先達の教育観や経験談だ。

本書の執筆陣は全国各地で高校教育をリードされている先生方で、その豊富な知恵を収めた本書からは貴重な示唆が得られるだろう。少しでも多くの皆さんが、実践に裏打ちされた事例から学ばれ、ネットワークを広げつつ高校教育の未来に活かされることを願って止まない。

〈刊行に寄せて〉

『実践的高校教育論』への期待

佐賀県副知事　**小林　万里子**

『実践的高校教育論』の刊行に寄せてメッセージを、というお話を宇田津一郎先生からいただき、正直とても困りました。現在は県の知事部局での仕事、その前も文化庁や学術振興の仕事をしていたため、文部科学省で学校教育に携わっていた頃から５年以上も経過しています。それでもよいとのお言葉をいただき、躊躇しつつも、あえて教育現場から少し距離があるところからエールを送らせていただこうと執筆させていただくことにしました。

人づくりを重視することの重要性と教育改革を実践する教育機関の役割の大きさは佐賀では歴史が証明しています。幕末から明治にかけて我が国の近代制度の構築に貢献した偉人たち（副島種臣、大木喬任、大隈重信、佐野常民、江藤新平、島義勇等）はみな佐賀藩が設立した藩校「弘道館」で学んだ藩士たちでした。佐賀藩の鍋島直正は藩政強化には教育改革が何よりも重要であるという強い信念のもと、自らが必要と考えた新しい教育を強いリーダーシップのもとで弘道館で実践し、激動の時代の日本のリーダーたちを輩出しました。

これを書いている現在、新型コロナウィルス感染症への対応の真っただ中にあります。コロナのみならず、近年の世界的に異常な気象や各地を襲う災害等が一層加速し、予測困難な社会というものを感じます。そのような中、高校では2022年度から実施される新学習指導要領において教育課程の理念が「社会に開かれた教育課程」とされ、社会や世界の状況を幅広く視野に入れ、教育課程を介してその目標を社会と共有し、社会との連携・協働により実現していくことが掲げられています。「何を学ぶか」「どのように学ぶか」「学んだことや理解したことをどのように使えるか」のいずれの視点においても、学校教育と社会との連携や接続は大変重要です。

私は現在、知事部局において仕事をしており、教育委員会が管理することになっている職務に直接関与することはありませんが、一方で、地域の宝であり地域の未来を担う高校生等の若者について、どのような環境でどのように育ってほしいか、どのように将来この地域を支えてほしいか、そのためには何を学んでほしいか、近くにいる大人たちは何をすればよいか等、大きな目標を知事部局と教育委員会で共有し、共にその実現を目指して連携・協働していくことの重要性を日々感じます。

現在、高等学校の先生方は新型コロナウイルスによる休校措置のみならず、新学習指導要領の準備、学校現場でも要請されている働き方改革の実施、大学入試改革への対応等、様々な難しい対応に追われる日々だと思います。先生方の日々の実践は、生徒一人ひとりの成長に結びつくものであるということのみならず、特に地方においては、地域を支える人材を育てるという観点からも大変大きな影響力を持つことを改めて感じています。そのような高等学校の先生方の取組に大きな期待を寄せ、エールを送らせていただきたいと思います。生徒と向き合う中で、先生方の中にも様々な迷いや悩みが生じることは多々あるかと想像します。そのような時に、この『実践的高校教育論』における先輩や同僚の方々のご経験やメッセージは先生方への温かい励ましになるのではないかと期待しております。先生方、よろしくお願いいたします！　そして一緒に頑張っていきましょう。

〈刊行に寄せて〉

『実践的高校教育論』の発刊にあたって

文部科学省初等中等教育局主任視学官　**長尾　篤志**

『実践的高校教育論』の発刊にあたり本書に対する期待等を述べさせていただきます。

私は大学卒業後１年間に２校の臨時採用教員を経験し、教諭として広島県内の公立高校に赴任したのは昭和57年４月でした。昭和58年・昭和59年は高等学校の校内暴力のピークと言われていますが、実際、私が教員になった頃は全国的に高等学校の「荒れ」がよく話題に上りました。ただ、私の初任校は、中国山地の中にある小さな分校で、３年間を大きな「荒れ」もなくその分校で過ごしました。その分校では、教員は各教科１名ずつで、平均年齢も30歳ぐらいだったと記憶しています。「どのような授業がよいか」と、お互いに授業を観あってよく議論をしました。同じ教科の教員はいませんでしたが、他教科の教員の疑問に答えることは自分にとってプラスであったと考えています。広島県教育委員会の指導主事に「生徒の意欲を引き出すためにいろいろ工夫しているのは分かるがうまくいっていない。ただ知識を教え込んでいるだけだ。教材研究をもう少し深めることが必要だ」との趣旨の助言をいただいたことも覚えています。

その後、公立高校を２校経て平成６年４月に広島大学附属中・高等学校に赴任しました。

２校の公立高校では、学級経営や生徒指導などを中心に同僚の先生方と勉強をしたり議論したりしました。小規模な高校から大規模な高校（２校目の高校は最大時には１学年45人×11クラスでした）への異動で、特に２校目の高校に赴任した当初戸惑いもありましたが、２つの高校で多くのことを学ぶことができました。大した実践もないのに先輩教員に議論を吹っ掛けたりしたことは今思い出しても赤面ものですが、常に大きく受け止め、確かな言葉を返していただいたことに感謝しかありません。ただ、この２つの公立高校で教鞭をとっている間も、「どのような授業がよいか」とか「そもそも授業とは何か」、「数学教育は何を目指してどのように行うべきか」などの思いはずっと自分の中にありました。

広島大学附属中・高等学校では、数学教育の実践研究を中心に行いました。今でも毎年、教育研究大会がありますが、その他にも教科での授業研究会もあり、広島大学教育学部との共同研究もありましたので、プレッシャーもありましたが実践研究を行うには恵まれた環境であったと思います。教育哲学や教育方法などの知識も不十分でしたが、数学やこれまでの数学教育の積み上げなどにも理解が浅いことを痛感させられました。浅い生徒観（人間観）しかもち得ていないことも痛切に感じたことでした。まさに自らの浅学菲才を再確認する日々でした。当時、図書館や教科の研究室にある教育実践をまとめた本から学ぶことは少なくありませんでした。

教育は、言うまでもなく実践と理論が共に必要です。教育の理論に関連する分野は、哲学（教育哲学）、教育史、教育心理学や発達心理学、認知科学、教育方法学、社会学、それぞれの教科に関連した教科教育学（数学教育学など）や内容学（数学など）……など多岐にわたります。そのすべてに精通できればよいのですが、実際にはそれはかなり困難なことと考えます。教員として、実践と振り返りを繰り返すことで実践の質を上げ、先に上げた学問等にその理論的な根拠を求めたり、新たな理論構築を促したりすることになります。その際、教育実践をまとめた本があれば、一人一人の教育実践のヒントとして活用できますが、残念なことにこれまで高校教育をターゲットにしたそのような本はあまり出版されていませんでした。本書は、全国の高校の管理職から教諭まで、それぞれの立場でこれまでの実践を振り返り重要だ（重要だった）と考えることが簡潔にまとめられたものです。それぞれの立場に応じて関心があるところから読んでいけば、今後の実践のヒントが得られるものと考えます。本書を有意義に活用して、それぞれの学校で実践の質を高めていただくことを切に願っています。

〈刊行に寄せて〉
伝統を継承し、さらなる発展を

全国高等学校長協会事務局長　**上村　肇**
全国普通科高等学校長会事務局長　**笹　のぶえ**

本書には、教育実践に実績のある全国のベテランの先生が、後輩の先生方の参考となる実践等について具体的に述べた原稿が掲載されている。教職生活が長くなると、次の世代にこういうことを伝えたい、という思いをもつようになる。そうした内容が記されている。

本書の内容には、様々な特長がある。まず、執筆者が自身の経験をあげ、そこから内容を引き出した原稿である。教職にある者であれば、原稿にある場面の状況を把握することができる。読者は、その上で、自分ならばどう考え、どう対処するだろうか、ということを考えることができる。執筆者の考えが、類似するすべての場合に適用できるわけではないだろう。しかし、執筆者の述べていることを意識しながら、読者が自分ならどうするだろうかと掘り下げて考えることができる。

次は、執筆者が心がけてきたことという視点から書かれている原稿である。これについては、読者は新しい観点から世界を知ることができる可能性がある。教員は教職経験を重ねるにつれて自分の教育観を深めていく。さらに広い視野を持つためには、異なる経歴の人の考えから学ぶことも大切である。

さらに、執筆者自身の教師論を書いている原稿である。教師は、教師のあるべき姿を日々考えながら生徒を指導している。教師の在り方についてベテランの先生が述べていることには、それぞれ深い内容が書かれている。

また、指導上の小さな工夫について書かれている原稿もあり、様々な発想を学ぶことができるだろう。

ただし、本書に書かれている内容を、そのままなぞっていけばいい教育ができると考えてはいけない。読者は自らの教育実践において、自分自身の実践に生かしていくことが大切である。本書には、そのためのヒントが満載されていることは、間違いない。

さて、この本に掲載されている原稿には、首肯でき、高校の教員が学ぶべきことがたくさん示されている。まず、人事異動での配置について、不満を持つのではなく、自分を成長させる機会ととらえて仕事に精励してきたことが書かれている原稿が多い。また、仕事は大変であったが学校が変わっていくことが実感できて自信をつけていったという内容の原稿も多い。依頼された仕事は断らないで、進んで取り組んでいくことなど、仕事への取り組み方が書かれている原稿もある。

また、先輩から指導されたことを、その後の仕事に生かしているという内容のものも多い。いい先輩についたことは幸運であるが、そのチャンスを生かすことができたのは、本人の努力によるものである。先輩からの指導を生かしていくためにはどんなことが必要なのか、読者が考える材料にもなるはずである。

さらに、生徒の自己肯定感を高めることに取り組むことを書いている原稿も多い。これは、教師は生徒に真剣に向き合い、何を目指すのかを示している。生徒の自己肯定感を高めることは、教師が取り組めばそれで解決するというような甘いものではない。信頼関係を築き、様々な工夫をしながら取り組んでいったことを学ぶことは、読者が自分の「引き出し」の数を増やすことにもつながる。

こうした内容を見ていくと、本書の内容は我が国の高校教育の伝統を継承し、そのさらなる発展に資するものとなっているといえよう。

これからの高校教育を担う若い世代に本書を読んでいただき、自身の実践を深めていくことにつなげていただきたい。

はじめに

令和の新しい時代が始まり、これからの日本を担う高校生を育てることは、ますます重要性を増しています。

中央教育審議会に諮問された「新しい時代の初等中等教育の在り方について」では、①知識基盤社会、②人工知能（AI)、③ビッグデータ、④Internet of Things（IoT)、⑤ロボティクス等の先端技術、⑥Society 5.0、の時代が来ると言われています。

中教審諮問では、こうした新しい時代における高校教育はどうあるべきかについて、大学や産業界との連携、地域社会の課題の解決に取り組む高校がある一方、生徒が身に付ける力やその指導方法が明確ではないこともあるとしています。こうした状況を踏まえて、次代を切り拓く生徒たちには、

①文章を正確に理解する読解力

②教科固有の見方・考え方を働かせて自分の頭で考えて表現する力

③情報や情報手段を主体的に選択し活用するために必要な情報活用能力

④対話や協働を通じて知識やアイデアを共有し新しい解や納得解を生み出す力

などが必要であるとし、新しい学習指導要領の下で，それらの力を着実に育んでいくことが必要であることが述べられてもいます。

新しい高等学校学習指導要領では、中教審答申を踏まえて、改訂の基本的な考え方を以下のように示しています。

○教育基本法、学校教育法などを踏まえ、これまでの我が国の学校教育の実践や蓄積を活かし、子供たちが未来社会を切り拓くための資質・能力を一層確実に育成。その際、子供たちに求められる資質・能力とは何かを社会と共有し、連携する「社会に開かれた教育課程」を重視。

○知識及び技能の習得と思考力、判断力、表現力等の育成のバランスを重視する現行学習指導要領の枠組みや教育内容を維持した上で、知識の理解の質をさらに高め、確かな学力を育成。

○高大接続改革という、高等学校教育を含む初等中等教育改革と、大学教育改革、そして両者をつなぐ大学入学者選抜改革の一体的改革。

また、その上で、知識の理解の質を高め資質・能力を育む「主体的・対話的で深い学び」が重要だとして、

○全ての教科等を、①知識及び技能、②思考力、判断力、表現力等、③学びに向かう力、人間性等の三つの柱で再整理。

○主体的・対話的で深い学びの実現に向けた授業改善が必要。

○学習の基盤となる資質・能力（言語能力、情報活用能力、問題発見・解決能力等）や現代的な諸課題に対応して求められる資質・能力の育成のためには、教科等横断的な学習を充実。

とも指摘しています。

今回、本書の原稿を各先生方に執筆していただくに当たって、次のような観点でお願いをいたしました。「それまでの教職のバックボーンとなった座右の銘、教師像（信条・信念）教育理念や哲学などを基本に据えて、教諭・主任・行政・管理職時代等における主な実践」として例示も加えて依頼しました。本書を通じて執筆された先生方が、お互い知り合い、連携や絆を深められ、相互の情報交流の場づくりに利用・活用していただくことも期待しています。今後の先生方同士の学習の場・視野拡大の場ともなり、各学校の将来を担う生徒の育成につなげていただくことも願っています。

ここ２年ほど『校長の実践的学校経営論』『高等学校 入学・卒業式辞集』など校長先生方向けの出版をさせてもらってきましたが、過去から将来のことを考えると、若い管理職を中心とした先生方のものも作れないかと考えていました。またそうした声も聞いていましたので、今回、副校長、教頭先生方を中心に、校長先生、主任等の先生方に執筆していただきました。

本書の出版に当たって刊行の言葉を大槻達也先生、小林万里子先生、長尾篤志先生、上村肇先生、笹のぶえ先生に、巻頭論文を合田哲雄先生に学校現場の先生方の示唆に富む玉稿をいただき有難く御礼申し上げます。また、30年来お世話になっている学事出版の花岡萬之社長の勧めにより着手し、現職の黒木淳一郎先生、山﨑巧先生の協力を得て編集を行いました。

最後にお忙しい中、執筆にご尽力をいただきました全国の先生方に御礼申し上げ、「はじめに」の言葉といたします。

元宮崎県立宮崎西高等学校校長　宇田津　一郎

目 次

第2章　子どもたちの成長を育む仕掛けづくり
──学習指導・生徒指導・クラス経営……69

第3章　現場を活性化する組織マネジメントの在り方
――未来のリーダーの心得……123

第4章　改革を推進し、活力ある学校をつくる
――学校経営の視座……159

〈巻頭論文〉

高校教育は「持続可能な社会の担い手」をはぐくめるのか

――新学習指導要領が問う「教科」の存在意義

文部科学省科学技術・学術総括官　**合田　哲雄**

本年２月26日に文部科学省講堂で、千代田区立麹町中学校と文部科学省のジョイントセミナーが開催された。不必要な儀式や形式は一切ない凝縮された３時間30分の動画は、同校のホームページ（https://www.fureai-cloud.jp/kojimachi-j/）にアップされているので是非ご覧いただきたい。横並びやしがらみを気にせず、社会的自立という教育の目的をしっかり踏まえて教育実践を進化させる学校経営者・工藤勇一校長の思想やこの進化を担う同校の先生方の２年間にわたる研究成果をお聞きするなかで、心配になったことがある。麹町中学校で自らの知識や思考をメタレベルで捉え自立的に思考し行動することを学んだ生徒が高校や大学などに進学し社会で生きていくに当たって、われわれ大人は彼ら・彼女らの力をさらに引き出し、持続可能な社会の担い手としてともに協働することができるのだろうかということである。

例えば、彼ら・彼女らが進学する高校はどうだろうか。専門高校は別として、その質の保証を大学入試にすべて依存してきた普通科高校の学びの質と量は今、深刻な事態が生じている。

高校生の半分が普通科文系、大学生の半分が人文・社会科学系学部に属し、このホワイトカラー養成コースの少なくない生徒が高校２年以降理数科目をほとんど学ばずに、英語、国語、地歴・公民の３教科の多肢選択式問題に対応すべく知識の暗記・再生や暗記した解法パターンの適用に追われている。事実的知識を文脈に関係なく多肢選択式で問う入試に対応するためには、高校は教科固有の見方・考え方を働かせて考え抜く学びよりも知識再生型の反復学習を重視せざるを得えない。多くの高校の実績のベンチマークが３科目型の入試で多くの受験生を集めている伝統のある大学の合格者数になっているなか、入試改革を実現できなかった文部科学省の能力不足には慙愧に堪えない。

他方、入学者選抜で学力を問わない大学の存在が、高校生の学びのインセンティブの底を抜けさせているため、偏差値45から55のボリュームゾーンの高校生の学校外の学習時間は、1990年の水準から大きく低下して回復していない。また、文部科学省と厚生労働省が2001年に出生した子供たちを継続している調査している「二一世紀出生児横断調査」によれば、中学校３年生段階で学校外の学習をしないと答えた割合は、平日６％、休日10.2％だったのが、高校１年段階になるとそれぞれ25.4％、26.3％と急増している。

にもかかわらず、世界や日本の社会構造は大きく変革している。京都大学の諸富徹教授の最新著『資本主義の新しい形』（岩波書店）が鮮やかに描出しているように、資本主義が非物質化するなかで時代の歯車を回しているのは、官庁の官僚や大企業の幹部ではなく、自分の言葉とアイディアで勝負する筋の通った変わり者だ。未来社会は、この自立した変わり者がわれわれ大人を乗り越えて新しい価値や文化を創出することでしか発展しない「出藍の誉れ」時代であると言えよう。だからこそ、子供たちのインターネットの使い方がSNSでのチャットとゲームに著しく偏り、学校カーストの息苦しさのなかチャットで即答しないと仲間外れにされるといった子供たちを取り巻く強い同調圧力には危機感を持たざるを得ない。

知識や経験が異なり、多様な考えや発想を持った他者と対話を重ねることは面倒で、人工知能（AI）や他者が決めたことに従った方が楽かも知れない。さらに、フェイクニュースが広がるデジタル社会においては、情報やテキストを唯々諾々と鵜呑みにするのではなく、事実に当たったり論理的に検証したりして真偽を確かめることも求められているが、これも面倒なことに違いない。しかし、自分達で社会の方向性を決めることを放棄し、すべてAIや特定のリーダーに丸投げする社会はディストピアそのもの。だからこそ、教育基本法や学校教育法といった我が国の教育法制は、あらゆる問題について、これですべて解決という特効薬はなく、複雑な課題を丁寧に解きほぐして関係者の「納得解」を得る地道な努力からわれわれは逃げるわけにはゆかないことを前提に、公教育に対して、自分の足で立って自分の頭で考え、他者と対話する力をはぐくむことを求めている。2022年度から実施される新しい高校学習指導要領は、この公教育の目的を踏まえ、SNSのチャットやゲームから高校生を取り戻し、文章や情報の意味を正確に読み取る力、教科固有の見方・考え方を働かせて、知識を習得し、考え、表現する力、対話や協働を通じ、納得解を生み出そうとする態度といった資質・能力を確実にはぐくむことを目指している。

したがって、新学習指導要領が求めている授業の在り方は明確だ。「「なぜこの教科はこの世に存在するのか」「どんな人がこの教科の構築に寄与したか」「私（先生）はなぜこの教科に惚れたのか」「ほら、この教科はこんなに美しいじゃないか、面白いじゃないか」」と生徒に語りかけ、「生徒を教科の授業の中で感動させ、学習の面白さに魂を揺さぶられる授業」（丹羽健夫「高校履修漏れの背景（上）　受験合理主義八〇年代に芽　学習の質変えた合格偏重」（日本経済新聞2006年11月27日朝刊））である。そんな授業をしていては大学入試に合格しないという反論があるかも知れない。しかし、英語、国語、地歴・公民の３教科の多肢選択式問題という安上がりな入試に徹するホワイトカラー養成所のような大学は少子化のなかで今のままでは生き残ることはできない。生き残るための内発的な変革を外発的に促す構造を形成することは文部科学省の責務だが、高校にはこのような変革を先取りした学びを目の前の高校生に提供することが求められている。その学びこそ我が国の教科教育が大事にしてきた教科の本質を踏まえた「主体的・対話的で深い学び」にほかならない。

前述の「あらゆる問題について、これですべて解決という特効薬はなく、複雑な課題を丁寧に解きほぐして関係者の「納得解」を得る」ための力は、公民科の目標における「現在の諸課題について、事実を基に概念などを活用して多面的・多角的に考察したり、解決に向けて公正に判断したりする力、合意形成や社会参画を視野に入れながら構想したことを議論する力」そのもので、新共通必履修科目・公共はその育成に大きな役割を果たす。しかし、「複雑な課題を丁寧に解きほぐして関係者の「納得解」を得る」ための力をはぐくむことは、公民科の専売特許ではない。今、われわれがなぜこのような社会に生きているのかを知る上で、日本史・世界史の枠組みを取り払って近現代の歴史を「近代化」「大衆化」「グローバル化」という三つの転換点に着目して学ぶ歴史総合も重要で、大正デモクラシーから戦争への道、終戦から戦後の復興、高度経済成長という流れを「大衆化」という文脈で捉えることは、世界を席捲するポピュリズムを理解し、自分事として向かい合う上で不可欠な学びだ。

「事実を基に概念などを活用して多面的・多角的に考察」するためには、数学Ⅰの二次関数やデータの分析の学びを通じて数学的論拠に基づきトレードオフの発想で思考することも求められる。物理基礎において物質によって電気抵抗の抵抗率が異なっていることを理解したり、化学基礎で物質の構成粒子について学んだり、生物基礎で遺伝子とその働きや免疫について知ったりすることは、事実を科学的に把握し論理的に検証して、身の回りの自然現象に関する素朴概念に訴えるフェイクニュースのウソを見極める上で重要であることは論を俟たない。

このように、教科においては、「歴史的な事象を因果関係で捉えて思考できる」「生命に関する自然の事物・現象を多様性と共通性の視点で捉えることができる」といった各教科の見方・考え方を働かせて思考することを学ぶ。この見方・考え方は社会生活においてより質の高い意思決定を行う上で必要なものであり、日々の授業において学んだ見方・考え方を働かせて子供たちは未来社会において協働したり「納得解」を形成したりするという意味で、現在の学びと未来社会を架橋するものである。見方・考え方は、その学びの教科としての存在意義であると言えよう。

近い将来、小・中学校で行われている全国学力・学習状況調査がCBT化され、子供たちは鉛筆とノートではなく情報端末で学ぶことになるが、BYODで情報機器を導入しやすい高校においては小・中学校よりも機動的に情報環境の整備が進むだろう。語彙や用語の習得、外国語や数学の学習などについて、理解の早い生徒がどんどん学びを進めたり、過去に学んだ単元の理解が十分でない生徒は振り返り学習をしたりといった個人の理解の程度に合わせた個別性の高い学びを行うことが可能となると、英語、国語、地歴・公民の３教科の多肢選択式問題に対応すべく知識の暗記・再生や暗記した解法パターンの適用のみを目的とした学習は、AI ドリルと予備校の一流講師による授業動画に代替されるとの指摘は現実味を帯びる。

しかし、学校の役割は、知識の習得にとどまらず、習得した知識や思考を活かして、より善く生きようとかより良い社会にしようとするための教育実践を重ねることにある。だからこそ、生徒の学ぼうとする心に火を灯し、ICT を活用して単元の内容をより構造的・立体的に理解できるような授業を演出し、「学び合い」や「教え合い」でクラス全体の知識の理解の質を高めたり、討論や対話、協働を引き出したりするという教師固有のかけがえのない役割は学校の存在意義そのものである。

AI 時代だからこんな力が必要という受け身の議論を超えて、子供たちに創造性（creativity）、社会的な公正（fairness）、個人の尊厳（dignity）といった価値が調和する成熟社会を創ってほしいという社会の意思を思想的な文脈で位置づけ、表現したのが持続可能な開発目標（SDGs）である。高校学習指導要領が高校教育に求めているのは、その前文に規定された「持続可能な社会の担い手」をはぐくむことであり、同調圧力のなかで付和雷同したり他人任せで考えることを止めたりするのではなく、自分の足で立って自分の頭で考え、他者と対話することの大事さを共有できる学びを創り出すことが求められている。

このように自立とは、誰にも頼らず孤立することでも自分のすべてを何かに依存することでもなく、互いに適度に依存し合うことであり、このことを子供たちに伝えることが公教育の使命である。だからこそ、子供たちと向き合う教師自身が自分の足で立って自分の頭で考え、他者と対話し協働する大人であることが大事であり、そのような自立した先生方を支えるのが教育行政の役割だと文部科学省の職員として肝に銘じている。

※『月刊高校教育』（2020年５月号）に掲載した論考を転載。

第1章

教育者として
大切にしたいこと

私の教育信念・哲学

万里の路を行く

鹿児島県立国分高等学校校長　**山﨑　巧**

未来の人を育てる教諭ほど誇れる仕事があろうか、そういう思いで30年前に教職に就いた。それまで大学院に通い、私立高校や予備校の教師として糊口をしのいでいた。公立教諭として29歳という遅い出発であった。

実は27歳で教職を目指したが、免許はない。私立大通信教育学部に入学、また教育大聴講生となり、２年間で教職免許をとった。論文と仕事と通信教育、そして人とのつきあい、忙しい時代だった。採用試験を受験後、単位修得証明書をかき集め、免許発行は３月末のことだった。

初任は普通科進学校。予備校で厳しく鍛えられていたので、学力向上に困難は感じなかった。ただ、公立校という場で「人を育てる」ということへの難しさに直面、そこは成績だけの世界ではない。良い先輩に恵まれ、夜ごと飲みながら、その教育観と実践の高さを仰いだ。毎朝３時に起床し教材研究はもとより教育学や学習指導要領を読みあさった。外部研究会にも参加した。

学校とは何だろうか。多様な事情を抱えた生徒一人ひとりが満足する教育を追求すればするほど、自分の足らざるところが見える。部活動にも燃えた４年間、しかし、人を育てるとは果てのない道だと感じた４年間でもあった。

２校目は普通科・専門学科の併設する教育困難校。多くの生徒が午後からいなくなるので終礼はなく、新参者は指導すると胸ぐらを摑まれもした。当時、新しく赴任した先生方と毎夜語り合って、学校を変えようと誓い合った。今まで培った方法では授業は成立しない、10分間静かにさせるため、今までの授業方法を捨て去るしかない。慢心も捨てようと努めた。

企業からは卒業生のしつけができていないと言われ、私大や専門学校も不合格者が少なくない。そこで現状を生徒・保護者に訴え、１年目から終礼を導入、希望者による放課後課外を進学・就職ともに計画した。厳しいルールも作ったが、何と７割の生徒が希望した。予想外の希望数に、生徒たちの学びへの素心をかいま見る気がした。管理職や各主任の先生と相談しながら、生徒指導、教務、進路指導を含めて、矢継ぎ早に改革した。

改革は簡単ではない。その反応はすこぶる強い。長く勤務する同僚たちから厳しい指摘や意見もある。先輩方とも粘り強く協議を繰り返した。だが、最も強い反応は、荒れの中心になっていた生徒たちであった。勝手なことをするなという反応が、あらゆる現象となって生じた。生徒たちの未来を大切にしたいという教師陣の願いはなかなか伝わらない。ただ、絶対に真剣さを失わず、ねばり強く関係を持ち続けた。いろいろな場面で生徒たちに大切なことは何かを訴え続けた。真正面から戦った先輩や同僚が複数いた。今やらなければいつやるかという不退転の決意で、１年間を過ごした。すると１年目を超えた頃、生徒たちは日に日に落ち着いていった。

一方、２年目に夏期課外を計画したが難航、そこで遠く離れた学習塾の塾長に片っ端から電話をかけ、無料で生徒たちに指導をしてくれないかとお願いをした。手前勝手なお願いであるが、学力は低くても学びたいという貧しい生徒たちの夏はあきらめきれなかった。それに応える奇特な方がいた。その塾長は英語と数学の講師を２週間確保してくれた。後にファックスによる無料通信教育も卒業まで計画してくれた。なぜ見返りもなくそこまでしてくれたのか。私が同じ立場でできるだろうか。頭の下がる救いの神様であった。

２年目の途中から、授業は正常化し、３年目は懸命に受験勉強や就職試験の勉強をする姿が見られた。あの荒れていた生徒たちが授業を静かに聞いてくれる。愛すべき生徒たちだった。先生方も団結し、大学も就職も過去最高の成果を残した。国公立大も多数の合格者を出し、就職超氷河期でも優良企業に多数合格。４年目には企業や大学から生徒を送って下さいとお願いされるようになった。その学校を経験したことで、教師としての背骨が入った。

教育は実践であり、変革への挑戦であり、最後は教師自身のあきらめる心との戦いではないだろうか。富岡鉄斎に「万巻の書を読み、万里の路を行く」という言葉がある。絵師の志だそうだが、教師の道も同じではないか。いかに力量があっても、新しい旅に出るような気持ちで日々学び、日々生徒たちに向かわないと、人を育てることは決してできない。そう思えば、この道はやはり遠く果てない、厳しい道だと覚悟したい。ただ、信頼があれば生徒は必ず変わる。心さえ通じれば意欲のない生徒も目を覚ますはずだ。

自己研鑽を積み、日々向上を目指して

福岡県立筑紫丘高等学校主幹教諭　**楢﨑勝広**

1　はじめに

昭和62年４月、福岡県立高校に新規採用教員として赴任した。第２次ベビーブーム世代が高校生になる時期で、福岡県でも新設高校対応のため、教員が大量に採用された時代である。県教育センター大講義室に集合した多数の新規採用教員の最初の研修で、講師から発せられた「経験のほとんどない皆さんが、初めから『先生』、『先生』と呼ばれます。それは、皆さんの人格に対しての尊敬ではなく、高校の先生だからそう呼ばれるのです。心から尊敬される先生になるために、何が必要なのか、どうすればそうなれるのか、よく考えて行動してください。」この言葉が、その後の教員生活を送るうえでの原点になった。それ以来、この言葉を肝に銘じ、教員から自己研鑽を積み重ね、教師になるための道のりを歩んで来た。

2　学習指導について

教職経験を重ねることで、教材研究のやり方も効率が良くなっていくものである。初めは、時間のかかっていたものが、短い時間で質の高いものになっていく。研究授業や参考書籍など、いろいろなものを経験することでも、授業内容は濃くなるものだ。私の場合、予習を前提とした授業を展開するように心がけている。「主体的・対話的で深い学び」の実現が求められる中、授業のために準備したものを、一から十まですべて教えるわけではない。生徒に考えさせるためには、必要最低限の内容を教え、考えさせることが「深い学び」であり、教材研究し準備した内容のうち、どれをどこまで教えるか、その技量が向上していくことが経験の積み重ねであるといえる。ペアワークやグループ学習など、生徒それぞれが考えるような的確な問いを与えることも、学習指導には欠かせない。的確な問いを与える力も経験から導かれるものだ。生徒にとって、わかりやすい授業は、わかったつもりになって、内容が深まらないこともある。教師からだけの一方的な授業では、生徒にとって、理解できない所も多いはずである。そうならない授業が展開できるのも経験を重ねることが必要である。

３　主幹教諭として

主幹教諭の職務とは、学校教育法第37条第９項「校長、副校長及び教頭を助け、命を受けて校務の一部を整理し、並びに児童の教育をつかさどる」ことから、「学校運営に参画し、児童生徒等の教育をつかさどるとともに、命を受けて担当する校務について、一定の責任と権限を持ってとりまとめ整理し、他の教諭等に指示する」ことである。平成25年度から、人事異動もあって２校で教務担当の主幹教諭を務めており、教務に関する事項の統括を主に行っている。平成30年３月告示の学習指導要領実施に伴い、令和４年度入学生の教育課程編成のとりまとめを行っている。また、現行の４観点「関心・意欲・態度」「思考・判断・表現」「技能」「知識・理解」の評価から、３観点「知識・技能」「思考・判断・表現」「主体的に学習に取り組む態度」の評価へと、観点別学習状況の評価実施へ、スムーズな移行ができるように取り組んでいる。学校の教育目標を実現していくために、取り組むべき課題に、主幹教諭として担当する分掌の長と協力して、スムーズに校務運営ができるようにしてきた。学校の重点課題について、その解決の方策や方法を、協議しまとめ実施していく。他の主幹教諭とも連携して、他の分掌も巻き込みながら、より良い方向に進めていくことも主幹教諭の大切な責務である。

４　おわりに

教師とは、生徒を教育するという立場にある。その職責は、教師としての倫理観によって、行動が律せられるところが大きいものである。また、高い品性を持って行動することが求められる職業でもある。常に誇りと自信を持って行動することが大切であり、何より求められるのは、教師としての使命感である。日々、研鑽を積み重ね、向上してこそ、教員から教師になるものである。つねに教師でありたいと職務に当たる毎日である。

ワンフォーオール、オールフォーワン

大分県立国東高等学校教頭　**岩野文昭**

2019年はラグビーワールドカップで日本中が沸いた。私の地元大分でもニュージーランドをはじめ多くの強豪国が熱戦を繰り広げた。日本代表の雄姿はもちろん、他国代表チームのボランティア活動、エスコートキッズの国歌斉唱など、多くの感動を呼んだ大会だった。

さて、ラグビー好きの方でなくとも、この言葉は耳にしたことがあるかと思う。ワンフォーオール、オールフォーワン。「一人はみんなのために、みんなは一人のために」という意味でご存じかもしれないが、私は異なる解釈をよく生徒に語っていた。先日、14年前の勤務校の同窓会に参加した折に、今では32歳になった教え子がそれを思い出させてくれた。

「先生はワンフォーオールの意味を『すべてはこの瞬間のために』と言っていましたよね。よく覚えています。実は自分の採用試験の面接でも使わせてもらいました。」その席で覚えていたのは結局その教え子一人だけだったのだが、まさに教師冥利に尽きる思いであった。

すべてはこの瞬間のために。受験であれ部活動であれ、今まで積み重ねてきたすべての努力はこの時のためだったのか、と感じる瞬間が必ず来る。その時のために、今目の前にある一つひとつのことに全力で臨みなさい。そういう教員らしいメッセージだったが、その裏にもうひとつ伝えたいことがあった。それは「他人とは異なる考え方があってもいい」ということである。

現勤務校はスーパーサイエンスハイスクール指定校で、大きく変動する現代を能動的に切り拓いていく資質を備えた生徒の育成を目指している。ただ、今の生徒たちは良くも悪くも知識が豊富で、周囲と異なるような言動は極力しない。自分の考えよりも教員がしてほしいと考えていることを忖度しているように感じることさえある。しかしそれでは新しいものを産み出すことはできない。教頭として新採用教員の指導に当たる際にも、生徒が自由に発言できる雰囲気を大切にしてほしい、積極的に挑戦してそして失敗することのできる場を与えてほしいと繰り返している。そのためには、教員はスペシャリストであると同時に、ジェネラリストとして幅広い知識を備え、様々な物事を寛容に受け止める姿勢を持つ必要があると考える。

私は英語科教員で、教科指導にもそれなりに自信はあったが、ある時、先輩教員の「英語は二元論だ」という言葉に目から鱗が落ちる思いをした経験がある。言語は思考形態そのものである。キリスト教を背景とする欧米の歴史や文化、気候風土や地理的要因などの知識なしに文法やイディオムだけ理解していても彼らの真意はわからないし、自分の伝えたいことも理解してもらえない。それを契機に教科指導の方針を大きく転換することができた。

また、３年間の教育委員会での勤務経験も、自身の視野を大きく広げることに強く影響したと感じている。特に最初の２年間に担当した広報業務では、教育委員会の広報動画やテレビ番組の制作に携わる中で、高校だけでなく、小中学校、図書館や青少年の家などの教育機関、地域の教育活動などの取材を通して、教育委員会そのものを含め、様々な立場の人々がどのような思いで教育活動に関わっているのかを知ることができた。

教員は生徒にとって一番身近な「大人」のモデルである。生徒が独創的な考えを自由に述べられるようになるためには、教員自身が「自分」というものを明確に持っている必要がある。変化を恐れず、新しいことに積極的に挑戦する姿勢を持ち、多様な考えに耳を傾けながら、自身に取り込むことでさらに成長していくその人間像は、生徒に求めるものであると同時に、教員に期待する姿そのものである。働き方改革で自由な時間を手にできたならば、自身の専門性をさらに深めるためにも、今まで知らなかったこと、あるいは自分と反対の立場の意見などに積極的に目を向ける時間にしてほしい。

ラグビー日本代表が活躍した根幹には、中心選手たちで話し合って決めた「子どもたちの憧れの存在になろう」という思いがあったそうだ。スローガンの「ワンチーム」も、チームのための自己犠牲が強調されがちだった感があるが、私は、共通の目標のためにそれぞれが独自の持ち味を積極的に発揮することを謳っていたと解釈している。各自の個性を前面に出すことが集団への貢献となること、個人の存在は周囲との関わりの中でこそ輝きを放つこと、それがワンフォーオール、オールフォーワンではないだろうか。

「問う」ことの意味

佐賀県多久市立東原庠舎中央校校長　**下村昌弘**

1　教師が問い、語ること

ここに１冊の本がある。『たった一つを変えるだけ』（ダン・ロススタイン、ルース・サンタナ著、吉田新一郎訳、新評論、2015年）という本だ。

私は教師として教壇に立つに当たり、長年「語る」ということを大切にしてきた。例えば、上手に説明すること、わかりやすく解説すること。「難しいことを易しく、易しいことを深く、深いことを面白く」という井上ひさし氏の名言のとおりである。加えて、自分の考えや経験を語ること。先輩の教師からこうしたことを厳しく教わったし、人の授業を盗み見しながら、そのことを学んできた。そのためには何よりも徹底した教材研究が欠かせなかった。

教材研究については、特に他の教師との「読み合わせ」に時間をかけた。併せて鍛えられたのは「作問」である。同僚や私淑する他校の先輩教師とのこうした議論の時間を時に昼夜を問わず、時に休日を利用して積み重ねた。

対象に切り込む視点と問いを立てる力はそこで培われたと感じるし、一貫して一点突破、全面展開（そこを突けば文章の全貌が最も自然な形でほどけていく）に腐心してきた。ポイントの的確な掌握と上手な問いかけにより、生徒たちを深く、そして長い射程の思考に誘（いざな）うことが教師の腕の見せどころであり、矜持であると感じていたわけである。

2　問いを作る力をこそ

ところが、である。冒頭に示した本は、極端な話、「教師や指導者は質問をしてはいけない」というのだ！　これは目からうろこだった。本書に書かれた内容の具体的検討は控えるが、生徒自身に問いを創る力を身につけさせることを指南する本書に、果たして、自分あるいは日本の教師は、これまでどれほど意を注いできただろうかと改めて考えさせられたわけである。

教師は、教えることこそが仕事であり、問いを作るのは教師、それを通して生徒たちに一定の知識や技能、考え方といったものをいかに的確に身につけさせるかといった点にこれまでは指導の力点があったように思う。

しかし、よくよく考えてみればもともと学問とはそういう面だけではなかったはずだ。恐らく少なからぬ人はかつて、教師の語る時としてよくわからぬ謎めいた部分にモヤモヤ感を抱き、それに対して「なぜ」「どうして」と自ら問いを立てることによりワクワクとした思いを愉しんだのではあるまいか。

こうしてみると、実は昔から、優れた教師は、知は一定ではないこと、自ら問いを立て、新たな知を模索・創造する面白さこそが学ぶ魅力であることを自然なかたちで教えてくれていたのではあるまいか。ノーベル賞の野依良治氏も子どもたちの「考える力、答える力が落ちている」中、「最も心配なのは『問う力』がほとんどないこと」だと学校教育への警鐘を鳴らしている。

3　素朴な問いから

生徒の学力が伸びない、教師の授業力が上がらない。そこで、校内研修の充実などが求められるわけだが、ここにも同じ問題が通底している。

どこか外部から講師を招いていい話をしてもらう、予備校の講師に指導テクニックを教えてもらう。そういうタイプの研修は相変わらず多い。しかしそれでは一つのモデルを意識することはできるが、もともとの学校全体としての空気が厳然として存在し続けたままだから簡単に変われるものではない。

ではどうするか。そこに「自ら問いを立てる」ことの意味が生じる。

授業研究の際、今ある素朴な問いから始める。生徒の学びを中心に据えながら、育成すべき資質・能力を踏まえ、そこに教材をどう介在させるか、教師同士が自らの疑問を率直に出し合い議論を重ねる。そうして辿り着いたスモールステップを全体で共有・蓄積することで、学びあう学校文化ができる。

4　Society 5.0の時代に

Society 5.0の時代。AIのシンギュラリティ到来の有無はさておき、これからは人間が人間として生きていく力こそを育まなければならない。すなわち、自身の感受性や想像力、あるいは現実認識力に根差した問いを立てることが、未知なる課題に対して人としての納得解を見出せる、自立した個人をつくることにつながっていく。それが生徒であろうと教師であろうと、自ら人間として生き、自ら人間として内側から成長していく力になるだろう。これからの時代、ますます「問う」ことの意味が問われる。

関係は「３日」で決めよ

青森県教育庁教職員課高等学校人事グループ主任指導主事　**種市朋哉**

誰から言われたかは、もう忘れてしまったのですが、教員になった当初、「最初の５年間、君は必死に頑張れ。もし５年持たないならば、この仕事は自分に向いていないと思い、潔く辞めた方がいい」と言われました。今も胸の真ん中にあるのですが、どなたから言われたものであったか、いくら考えても思い出せないでいる言葉です。

「君は教員になると聞いたけれど、人は好きなの？」

これは、大学卒業の祝賀会での、学部長のお言葉。「はい」と即答した私に、「じゃ、安心だ」とおっしゃってくださったことを今、思い出しています。

最初の数年は、ただただ必死でした。毎日夜遅くまで教材研究に打ち込みました。授業の準備に不充分さを残したまま出勤した日は、教室に入り、生徒を前にした瞬間、自分の至らなさを生徒に見透かされているような気がして、まったく授業になりません。板書をするために生徒に背中を見せた瞬間、全員の視線が自分の背中に突き刺さっている感覚に襲われて息苦しかった。あのつらさは今も忘れることができません。板書を終えて、生徒の方に向き直った時、愛想を尽かした生徒がいなくなっていたらなどというありもしない想像に、ありもしないと思うことが現実に起きたらと思えば思うほどに胸はきつく締めつけられました。

教育の前提に信頼関係があることは言うまでもありません。信頼関係はどのようにすれば築けるのでしょう。なかなか腑に落ちる答えを見出せないでいた自分に、ある先輩が、「それは、君の心の中に、信頼関係ができたと感じた時なんじゃないかな」と言われました。そんな主観的なことでいいのだろうかと訝しがる私に、「大事なことは目に見えないものなんだから、それでいいんじゃないかな」と。その先輩は、別の機会に、「教育は遠いところを大事にする必要がある」とも教えてくれた方です。自分の安心のためだけに、目先のこと、表面的なこと、手っ取り早い答えだけを求めて、がつがつしていた私への戒めだったのだろうと、今になって思うのです。

別の先輩からは、生徒との関係は新年度スタートから「３日で決めよ」と教わりました。授業における生徒との関係、ホームルームにおける生徒との、そして生徒間相互の関係も。スタートから３日も経過したら、関係構築はもはや手遅れになるのだと。一人ひとりの生徒の限りある高校生活の一日一日の時間の重みを思えと。この教えから、せっかちな私は、「３日」でなく「３秒」で決めるようにしています。場に臨む覚悟を決め、場を整えるのに、速いに越したことはないと思うのです。生徒との関係の良しあしは３秒で決まってしまうのだと思い定めて、生徒の前に立つよう心がけています。そのためには、これで生徒と信頼関係を結べると言いきれるまでの徹底した準備が必要になることは言うまでもありません。

これまで、多くの先輩方からたくさんの叱咤と激励をいただき、何とかここまで来ることができているのだと改めて思っています。

初任２年目のこと、こんなこともありました。授業を終えて職員室に戻り、「いやー、何回教えても、なかなか生徒が覚えてくれなくて」とぼやいた私。当時、学年主任でいらっしゃった先生が「おい、種市。ちょっとこっち来て、座れ」と。呼ばれた私は、生徒が面談時に座る丸椅子を持って、主任の前に行き、椅子に腰掛けようとしたところ、「椅子じゃない。床にだ」と。今ならパワハラになのでしょうか、事情が呑み込めずにいた私が床に正座した瞬間、「何回教えても覚えない生徒に、何回も教えているのは、どこのどいつだッ！」と一喝。あまりに衝撃的だったからでしょうか、現実にあったことかどうか、今となってはおぼろげなのですが、このように先輩から育てていただかなければ、教職を続けてはこられなかった私です。多くの先輩方からたくさんの言葉をいただけたことは本当にありがたいことと、退職まで今年度で５年を切った今、しみじみ思うのです。

教員になった最初の５年を思い起こし、今、最後の５年をどう過ごすべきかを考えた時、「人は好きなの？」という問いかけに、あの時と同じく即答で、しかし、当時よりは少し深いところから、「はい」と答えられるようになったような気がしています。

教員としての真の芯とは

新潟県立新発田高等学校教諭　**内川未奈希**

1　はじめに

人を変える力を持つ教員という仕事の楽しさ、やりがい、そして怖さを日々感じる。影響力があるからこそ私たち教員にはブレないための「芯」が必要である。

2　大人の使命

教師である前に一人の大人として「大人って楽しそう」と生徒たちに思ってほしい。大人は「楽しい！　なるほど！　感動！」を創り出すことができる。例えば学年全体でのエンカウンターやアサーショントレーニング。心も体も健康な状態で学びに向かうために、保護者会でもアンガーマネジメント等学びの場を提供させていただく。非日常が味わえる修学旅行では2030 SDGs ワークや外国人留学生との交流を企画し、生徒たちに少し背伸びをして持続可能な社会作りについて考えてもらう。ときには400人が腹を抱えて笑えるモノマネ大会や学年レク。高校最後の模試では教員が腕を振るって豚汁祭りなど、担任団が前例のないことに取り組み、楽しむ姿に生徒も保護者も信頼を寄せてくれ、学年の勢いが追い風となって学校全体に波及する。感受性の塊である高校生に「大人になるって悪くないな」そんな風に考えてもらうために、置かれた場所で、できることをするのが大人の使命ではないだろうか？

3　生徒が真ん中・人をつなぐ

方針を決めたり決断が迫られる場面では「生徒が真ん中」になっているか自問することにしている。自分流の魅力も大いにある。しかし、時代の要請に合わせ柔軟に生徒を育てる姿勢を保つためには自分のスタイルからの脱却を余儀なくされることが多く、その脱却を容易にしてくれるのが私の場合「生徒が真ん中」という芯である。もちろん迷いもつきまとう。だからこそ、芯を深めたり、問い直しをするために本音をぶつけてくれる「仲間」がとにかく大切だ。異年齢、異ジャンルであればあるほど視野が広がり、思考が柔軟になる。今はSNSを使って直接会ったことのない人とつながることも、面白そうなセミナーを見つけて参加もできる。教員の世界しか知らない私は、そこがコンプレックスでもあり世界を広げるツールとしてSNSを利用している。未知なる世界との出会いは学校で必ず還元できる。「人をどんどんつないでいくのがあなたの強み」。人のつながりの「芯」を担わせてもらえるのは出会ってきた仲間のお陰である。

４　真の芯

初めての担任は地域や同僚に恵まれ、内容の濃い充実した日々であったが、自分には何の武器もないと思い知らされた３年間でもあった。不本意入学の生徒たちを目の前にしての教科指導、任された部活ではうまくチーム作りができず廃部の危機を招いた。理想とした教師五者論とはほど遠く教員としての将来像も描けない。切羽詰まって様々な研修に参加した。「高校の先生方は教科指導にはとても熱心だけど生徒指導に重きを置いていない。輪切りで高校に入学する生徒たち、成功体験の少ない生徒たちを教科の力だけで引っ張れると自信がありますか？」こんな問いを投げかけられ、答えが欲しくて講演後すぐその講師の先生にコンタクトを取り、これが転機となった。教育相談や心理学、特別支援教育（当時この言葉は存在しなかったが）を学ぶことに夢中になった。有志メンバーでつくる研究会の運営や新潟県の不登校対策事業に関わらせていただき、著名な講師の先生方ともつながることができた。仕事に行き詰まって飛び込んだ教育相談の世界であったが、学びを深めるうちに、モノの見方が柔軟にそして論理的になっていき、対応のバリエーションも増えた。自分の中の変化がとにかく嬉しかった。今では時と場に応じて調整役にもパイオニアにもファシリテーターにもなることができる。時代も変わった。授業でエンカウンターを導入に使い、教員のメンタルヘルスのためにカリキュラムマネジメントをする時代がきた。教育改革の時代において、新しいことを吸収するために学者（学習者）としての資質が改めて問われているように思う。生徒になる機会を失わず、学ぶことの苦しさや喜びを忘れずにいる。教員を続ける上で最も大切な「芯」である。

職員室では学者たれ。教室では役者たれ。

宮崎県立宮崎南高等学校教頭　**山尾典子**

大学卒業後、教諭として2校、指導教諭として1校、教頭として2校目の現在、今までを振り返るとその時々を無我夢中で進んできたとの感が強い。どの学校でも先生方や生徒たち、保護者や地域の方々との出会いが糧であり、励みであった。それぞれの赴任先で指針とした言葉とともに省察したい。

1 「職員室では学者たれ。教室では役者たれ」

大学卒業後初任校となる職場では、尊敬できる先生方と数多くの出会いがあった。なかでも指導教官をしていただいた先生は、学期の教材研究は休み中にすべて済ませ、「教材を教える」のではなく「教材で教える」を体現されていた。多くの生徒たちから敬愛される先生の生き方は大空のごとく、教育に関する無限の可能性を教えていただいた。先生から学んだことは、教材研究はしすぎることはなく、捉えた本質を生徒の「心」に伝える力が必要ということである。先生からいただいた「職員室では学者たれ。教室では役者たれ」という指針は、教師生活の基盤として強く、深く心に刻まれている。

2 「生徒の心に火をつける」

2校目は県内でも有数の進学校であり、教科指導・クラス経営等に関して非常に刺激を受けた14年間であった。赴任当初、諸先生方の高度な実践を目の当たりにして、自分の未熟さを毎日のように痛感した。「人の3倍頑張る」目標を課し、生徒の進路実現に資する教科指導力、学級経営力の向上に取り組んだ。なかでも国語科の先生方には教科指導をはじめ多くの示唆をいただいた。1年間の研修期間を与えられ、自分の国語教育とは何かを見直せたこともたいへんありがたかった。組織としても上司や同僚に恵まれ、生徒の進路実現に向けて全力を傾注できた。そして「生徒の心に火をつける」教師となるには妥協せず進む姿勢を示すしかないと、生徒に教えられた時でもあった。

3 「置かれた場所で咲きなさい」

3校目では学級担任はもとより、指導教諭や進路指導主事、教頭職へと様々な挑戦をさせていただいた。この頃から生徒だけでなく、同僚や後輩への声かけやフォローを行うことも立場上増加した。学級経営から学校経営へと視点も広がった。また管理職に対する見方も変化した。職員が学級経営や教科指導に専念できるよう、重責を顔に出さず泰然と笑顔で働く姿に頭が下がる思いであった。「置かれた場所で咲きなさい」とは、担任から外れる寂しさと新たな職への不安と覚悟とが混在した時期に出会った本の表題である。

４　「３か月先を見て動く」

教頭１年目は通常業務や諸対応等、実践の中で法規面の知識不足を実感し、必携等の熟読、研修等への参加で理解に努めた。多様化する生徒・保護者対応のため生徒指導部・教育相談・保健室間の連携を強め、担任や教科担任の生徒指導に係る物理的・心理的負担を軽減する具体的方策を講じた。また、教育政策の諸動向に関する最新の情報を収集し、職員への周知を心がけた。ルーティン以外の対応に割かれる時間が多いため、通常業務は「３か月先」を見据えて準備し、不測事態にも平常心で臨めるよう心がけた２年間だった。

５　「後生畏るべし」

教頭２校目では文部科学省の指定を受けて、地域課題の解決を目指す探究学習に取り組んでいる。本県では若年層の定着が喫緊の課題であり、国による普通科改革も踏まえ、普通科における人材育成のあり方が問われている。今回の地域との協働による事業において産学官と協定を結んだり連携を強化したりする中で、地域のありがたさを痛感した。学校だけでは育てきれない力を、大学や企業、市役所等で働く「地域の大人」の方々に引き出していただいた。そして実践を通して生徒が「大人」になる様を目の当たりにし、次代を担う人材育成に携わる自覚が深まった。赴任したどの地域でも生徒の「人間力」に絶えず惹きつけられてきた。「後生畏るべし」の理念の元、自他に誇りと愛着とを持って未来を創り出す生徒を育てる環境作りに努めたい。

最後に今後の学びのあり方として言葉の本質を踏まえた教育に取り組んでいきたい。SNSの浸透で多くの情報は視覚化・簡略化され提供されている。長文や文字そのものに触れる機会が減少すれば言語の特質である抽象性は育ちにくい。Society 5.0を担う人材には高度な抽象能力が求められることを念頭に、その素地である言葉の力を大切に教育活動に臨んでいきたい。

やる気を引き出し、学校を動かす言葉の力

秋田県教育庁義務教育課学力向上推進班副主幹　**藤原孝一**

高校教育課から義務教育課に異動し、２年が経とうとしています。この間、様々な業務等を通して、高等学校とは違う視点での授業づくりや学力向上に対するアプローチの仕方、文化の違いなどについても学んでおります。

自分の教員生活を振り返って考えてみますと、改めて、節目節目で多くの方々から様々なアドバイスをいただいてきたことを思い出します。ここでは、初めて赴任した学校でいただいた、２人の主任の言葉をお伝えしたいと思います。その言葉が、私の教師としての仕事に対する姿勢を形作ってくれたと思うからです。

一つは、「仕事は断るな」という言葉です。

４月上旬、ある主任に「これからあの先生に仕事を頼むので、そのやり取りを見ているように」と言われ、その場に居合わせることになりました。頼まれた中堅の先生は、やったことがないのでできませんと断っていたように記憶しています。その後で言われたのが、「仕事は断るな」という言葉です。「あの先生は、毎年、やったことがないからと言って断るけれども、それでは仕事を覚えないし、自分の成長にもつながらない。仕事は選ばず、頼まれたら引き受けなさい。だだし、わからないときは必ず相談するように」と指導していただきました。言葉だけではなく、実際のやり取りを見たからでしょうか、あのときの光景は今でも鮮明に覚えています。

月並みな言い方ではありますが、若いときには、今の自分にできる仕事を一つひとつこなしていくことが、自分を成長させる近道だと思います。仕事をこなすことで、それぞれの仕事についての見通しや効率、外部との関わり方などを覚えることができました。

時間をかけて一つのことを深く掘り下げる力も大切ですが、それ以上に、教師には、複数のことを同時にこなす力が求められているように思います。安易に引き受けすぎて、大変な目に遭うこともありましたが、それらに挑戦することで、スキルを高めたり、キャパシティを広げたりすることができま

した。今の時代、仕事を断ることも必要なのでしょうが、私の場合は当時の教えを大切にしてきました。単なる押しつけの場合には断るべきだと思いますが、主任が何かを頼むときには、たいていの場合、その人の成長を考えているように思います。

もう一つは、「会議では発言しなさい」という言葉です。

当時勤務していた学校には、誰もが職員会議では自由に発言し、最後に校長が決定するという風潮がありました。当然のことですが、校長がいったん決めたことについては、全職員が団結して取り組みます。

７月中旬、ある主任から「なぜ職員会議で発言しないのか」と声をかけられました。ある程度の年齢と立場になったら発言しますと返答したところ、「そんな気持ちでいたら、いつまでたっても発言できるようにはなれないし、そんな立場にもなれない。それに、立場だけで発言しても誰の心にも響かない。次は必ず発言するように」と指導されました。次の職員会議では、たいした内容の発言はしていないのですが、発言したという行為については褒めていただきました。今にして思えば、アウトプットを意識することの大切さを伝えたかったのではないかと思います。

漠然と出席していたときには、その場にいることが目的になっていたように思いますが、発言しなければならないという気持ちで臨んでいると、物事の核心をつかもうとするためか、自然に質問や意見が湧いてきます。どのように言えば自分の意見がよりよく伝わるのか、そして、受け入れてもらえるかということなどを考えるようにもなりました。それと同時に、学校運営に対する参画意識が高まりました。

中堅教員になり、分掌主任としては進路指導主事を長く務めました。若手のときとは違い、立場上、様々な場面で話をしなければなりません。ある方から、「言葉で、生徒（先生）のやる気を引き出し、学校を動かしてください」とのメッセージをいただいたことがあります。それ以来、言葉を磨くことを心がけてきました。言葉を磨いて、それを自分のものにするには、経験や知識が必要だと感じています。生徒のためにも、言葉を磨き、それぞれの学校を支える人材になってほしいと思います。

実社会を生き抜く力を育てる

香川県立高松高等学校教頭　**渡邉　謙**

新学習指導要領の実施を目前にひかえた高校教育を取り巻く現状を眺め、思いつくままにそのキーワードを並べてみると、「社会に開かれた教育課程」「カリキュラム・マネジメント」「主体的・対話的で深い学び」「チーム学校」「大学入試改革」「Society 5.0」など枚挙に遑（いとま）がない。また「働き方改革」の波は教育現場においても例外なく押し寄せている。まさに大きな変革期を迎えようとしている教育界であるが、今回の執筆に当たり、これまでの教職生活を振り返り、今一度その原点に立ち戻り、今後の道標（みちしるべ）とする一つの契機にしたいと考える。

これまで私は、いわゆる普通科進学校から実業系の専門高校、夜間定時制高校、また行政機関まで様々な教育現場を経験させていただいた。一口に高校生あるいは高校教育と言っても、その内実はそう簡単に要約できるものではなく、そのつど直面する課題の中で多くのことを学ばせていただいた。駆け出しの頃は若さを頼りに可能な限り生徒と向き合い、絶えず駆け回っていた。まさに実践あるのみの姿勢だった。当然、失敗や空回りも多かったが、同僚や先輩の先生方に助けられ、とにかく全力投球の日々だった。昨今、「人間関係の希薄化」「コミュニケーション能力の育成」などといった言葉をよく耳にするが、当時は年齢や教科の別なく、縦横に先生方と交流し合える機会に恵まれており、自然と教職に関するノウハウが身についていったように思われる。一見無用にも思える何気ない会話の中に、真の教育の在り方、あるいは問題解決のヒントなどが隠されていたように思う。翻って現在は職員室で談笑するような光景を目にすることも少なくなり、人と向き合うよりパソコンと向き合う時間の方が長いのではないかと感じるほどである。校務分掌や学級経営、部活動運営に学習指導、生徒指導などについて、個人の負担として抱え込む場面が増えているきらいがあるように感じる。データ分析や実績など可視的なものも大切だが、豊富な経験を備えた先輩の先生方から目に見えないバトンを受け継ぐことも、肝要なことではないかと思われる。

さて、前述したように私は様々な学校で勤務をしてきたが、進学校には進学校なりの、専門高校あるいは定時制高校にはそれぞれその高校なりの課題がある。進学校では授業力の向上や授業改善に向けた取組、模試や定期試験の問題作成に係る研究など、自ずと学習・教科指導に力点を置くようになるが、一方で生徒指導や教育相談の視点も不可欠な要素として念頭に置かなくてはならない。また、専門高校では生徒の職業観・勤労観に直結したキャリア教育の充実を図り、定時制高校では学業と仕事の両立などを視野に入れた、生徒一人ひとりの学習環境に応じた指導の在り方を常に意識しておく必要がある。多様化する価値観の中、複雑で予測困難な時代を生きる生徒たちにとって育成すべき資質・能力は、有名大学や有名企業に入るためのものではなく、厳しい現実社会を彼ら自らの手で切り拓き生き抜くためのものであるということを、高校教育に携わる私たちは決して忘れてはならない。

もう一つ、私の中で貴重な経験として心に残っているのが、指導主事として教育行政に身を置いたことである。そこでは、それまで経験してきた学校現場の理論とは異なる見方・考え方、多角的な視点が要求された。そのため、赴任当初は戸惑いと失敗の連続であった。学校は種こそ違え、基本的には教師と生徒という枠組みの中で成立しており、一定の空間内・座標面に自らの位置を確認することができる。しかし、指導主事という立場では、当然ながら管内それぞれの高校独自の特色や国の動向を視野に入れ、地域の関係機関とも連携を図りながら多岐にわたる職務内容を遂行しなければならない。この行政時代の経験は、私に高校教育というものを考える上で、近視眼的な課題のみにとらわれるのではなく、俯瞰的・マクロ的な視点から眺めることの重要性を教えてくれた。

現在、私は新米教頭として日々業務に追われている。教諭の時には見えなかった仕事に当たり、当惑することもしばしばである。しかし、教頭の職務は単に校長の補佐として上意下達の伝言係ではない。教職員との連携・協働は不可欠であるが、学校の目指すべき教育方針を前に、時には「和して同ぜず」といった姿勢も必要となる。これまでの教職生活を糧に、大局的な見地に立ち、小事であっても大事とし、学校の推進力として精励していきたい。

「愛顔」あふれる学校に

愛媛県立新居浜特別支援学校校長　**松本幸恵**

私は、特別支援学校で教諭として21年間、教頭として３年間、教育センターや教育委員会事務局で８年間勤務した。特別支援学校に通う子どもたちは、個性豊かで魅力的で、いい意味でとても面白い。時には不可解な行動を見せて周囲の大人を戸惑わせることもあるが、そこにはきちんと子どもなりの理由があり、わかり合えたときの喜びはひとしおである。そんな可愛い子どもたちやその保護者と出会い、日々関わる中で大切にしてきたことをまとめてみたい。

１　寄り添うこと

特別支援教育の基本は、一人一人の教育的ニーズを踏まえた指導・支援を行うことである。そのためには、子どもたちの特性や発達の状況、興味・関心を細やかに把握し、それぞれのペースに合わせ、子どもの思いや保護者の願いに寄り添いながら関わっていくことが重要となる。「なぜ特別支援学校の教員を目指したのか」、私はずっとこの答えを出せずにいた。でも、もしかしたら子どもたちにぴったりと寄り添い、一緒に並んで歩いていく、そういう教育に憧れたのかもしれないと、今は思う。

ある日、担任していた子どもの母親が「頭ではわかっていても、明日目覚めたら障がいがなくなっているのではないかと思ってしまう」と泣きながら話してくれた。普段はとても明るく、子どもとそっくりな屈託のない笑顔が素敵な母親だった。しかし、子どもに障がいがあるとわかったとき、母親はその状態を受け入れるまでにショック、否認、悲しみ、怒りといった過程を経ると言われている。明るい笑顔の裏にそんな苦悩や叶わぬ願いを抱えていることに思いを寄せなければ、心を開いていただくことはできないだろうと思う出来事であった。

また時には、保護者から無理難題だと思われるような要求や苦情が寄せられることもある。イエスかノーかと回答を迫られたとき、早く答えを出さなければと思いがちであるが、私は、答えを急ぎ過ぎると保護者の本当の気持ちにたどり着けないのではないかと考えている。背景にある悩みや困りごとに思いを寄せながらじっくりと話を聞いていると、実は答えはイエスでもノーでもなかったりする。「困った保護者」だと決めつけることなく、「困っている保護者」として、その思いに寄り添い、一緒に考えることが解決への近道だと感じている。

２　愛顔（えがお）～鏡は先に笑わない～

「愛顔」は愛媛県の基本理念に使われている言葉である。私はこの言葉が大好きだ。どのような学校運営を目指したいかと問われれば、迷わず「愛顔あふれる学校」と答える。「愛顔」は、前向きな気持ちと思いやりの心が結集した愛のある笑顔なのである。子どもたちには人を愛し、自分自身を愛し、そして周りから愛される存在になってほしいと願っている。

愛顔あふれる学校にしていくためには、まず管理職である自分が笑顔でいなければならないと思う。しかし、教員の仕事はいつも順風満帆というわけではない。少なからず困難にぶつかり、失敗することもある。また、部下からとんでもない失敗の報告を受けることもある。そんなとき、私の頭に浮かぶのは、「過去と他人は変えられない。変えられるのは未来と自分」という言葉である。自分がしくじったときは「反省はするが落ち込まない」ことを、部下の報告に対しては、「助言はするが責めない」ことを心掛けている。過ぎたことをくよくよ悩まず、失敗から教訓を得て将来に生かすという発想の転換が自分を笑顔にし、周囲の愛顔を増やしていくと思っている。

３　一期一会　～出会いは宝～

教育委員会事務局特別支援教育課に勤務したときの上司の口癖は、「出会いは宝」であった。それはいつしか、私にとっても大切な言葉となった。教育委員会事務局や教育センターでの仕事は学校現場とは全く異なるもので、戸惑いの連続であったが、そこでしか得られない経験と出会いがたくさんあった。組織として動くことの大切さと強さを知り、行政職員の方や異校種の先生方から、様々な知識や自分とは違う新たな視点を得ることができた。

これまで子どもたち、保護者、同僚、上司、関係機関や地域の方、数々の出会いが私を成長させてくれた。そのことに感謝し、これからの出会いに期待しつつ、こつこつと歩んでいきたい。

子どもの可能性を信じて

秋田県立五城目高等学校教育専門監兼教諭　**八柳英子**

教職に就いて20年以上が経過した。人生の約半分を教師として過ごしてきたことになる。教員生活を振り返り、今思うことは「教師になって良かった」ということである。教師になったばかりの頃は、自分が描いていたものとの違いから辞めたいと思うこともあった。しかし、その時に辞めずに続けた結果、多くの生徒と出会い、たくさんの経験をすることができた。

これまでの経験を通して心がけてきたことを以下にまとめてみたい。

1　教師としての基本姿勢

教育に携わる際に常に意識していることは、次の２点である。

①「子どもは地域の宝」

②「子どもの可能性」を信じる

私が勤務する秋田県は、現在急速な少子高齢化が進んでいる。そのような状況の中で、生まれてくる子どもたちはまさに地域の宝であり地域の担い手である。我々教員には、その宝を大切に育てていく使命がある。その時に忘れてはいけないことは、子どもたちは無限の可能性を持っているという点である。子どもたちの可能性を教師や学校が決めつけるのではなく、一人ひとりの子どもの可能性を信じて子どもたちを育んでいくことを常に心がけている。

2　学習指導について

私が学習指導において大切にしていることは以下の４点である。①何のために学ぶかを子ども自身が知っている ── テストの点数を上げるだけではなく、その学習をすることによりどのような力が身につくのかを子ども自身が意識しながら学習に取り組むことが大切である。②学習方法を知っている ── どのように学習すればよいかを子ども自身が知っていることが必要である。③「できる」という感覚を持たせる。④「おもしろい」「楽しい」という感覚を持たせる。子どもでも大人でも学習する際には、楽しいという感覚はとても重要な要素である。

３　教師自身が自分の人生を楽しむ

これを読んでいるみなさんは、自分の人生を楽しんでいますか。教師自身が自分の人生を楽しみながら毎日を送ることによって、その人から学ぶ生徒も幸せになっていくことができると考える。特に授業などに関しては、つまらなそうに授業をしている教師と、楽しそうに授業をしている教師とでは、その授業を受けている子どもたちへの影響は大きく違ってくる。教師自身が毎日を楽しみながら人生を歩むことは、子どもたちにとっても大変良い影響を与える。

先日、研修でアフリカのタンザニアの学校や病院を視察する機会を得た。そこに派遣されている日本の方のお話によると、「タンザニアでは、経済的には苦しい状況にある人々も、お互い助け合いながら毎日本当に幸せそうに暮らしている」とのことである。誰かが暗い表情をしながら仕事をしていると、「どうしたの？　あなたが暗い表情だと周りまで暗くなってしまうから、明るく楽しんで毎日を生きなさい」と言われるという。まさに、教師にもその心構えが大切である。教師自身が毎日を楽しく生きることにより、子どもたちにも良い影響を与えることができる。

４　研修の大切さ

教師になったばかりの頃、先輩の教師から「１年に１回以上は他県の公開研究会などに参加し、全国の先生方の実践を見た方がよい」というアドバイスをいただいた。それ以降、毎年可能な限り他県の公開研究会や研修会に参加するように心がけている。他県の研修に参加することの最大のメリットとして、他県の子どもたちを見ることにより、自分の県の子どもたちの長所や、逆に不足している点、強化しなければいけない点が客観的に見えてくることがあげられる。特に私は高校に勤務しているので、卒業後子どもたちは社会に出て行くことになる。社会に出て行くために必要な力や、高校において身につけさせなければいけない力を再認識することができる。

以上が私のこれまでの教育実践の中で心がけてきたことである。今後、日本や世界は大きな変動の時期を迎えていく。その変動の中で生き抜き、世界を作りあげていく子どもたちの育成こそ、我々教師の務めである。今後も子どもたちの可能性を信じて、教育に携わっていきたい。

子どもたちの挑戦を支える学校に

北海道滝川高等学校副校長　**西村友恵**

1　はじめに

高校の英語教師になって30年目を迎えました。途中、社会教育主事として行政職に就き、今は教頭を経て、副校長となり管理職に就いています。生徒や学校、そして教師を取り巻く環境は日々変わっていますし、実際に学校では一日として同じ日はなく、30年経っても、悩み、考えながら新たな課題と向き合う毎日であり、ご紹介できるような教員生活とは思っておりませんが、これまでを振り返り、大切にしてきたことをお伝えできればと思います。

2「向き合うこと」

夢をかなえて教師になったものの、一人前の授業もできず、「どうして自分にはできないのか」と自問自答を繰り返し、先輩教員を羨望と悔しさを感じながら見ていた時期がありました。

今でも忘れられないことがあります。授業中に指示に従わない男子生徒ＡとＢの生徒指導を担任と２人でしたときのこと。最初にリーダー格のＡを担任が、Ｂを私が指導し、次に入れ替わって指導しました。指導後、その方法について、ある先輩に「（Ａから）逃げたんだろう？」そう言われました。「逃げた」……。私は指導が難しいと感じていたＡの指導を、まずは担任に預けてしまった。自分でも理解できていない心理でしたが、先輩には見抜かれていました。「Ａは『あなたが逃げた』と感じるよ。向き合ってくれているかどうか、彼らにはわかる」。その言葉から、生徒指導において「指導した」という事実に意味はなく、「どう生徒と向き合うか、そして、指導そのものにどう向き合うか」の大切さを教えられ、今も私の信念となっています。

3　教員から教育者へ

高校を卒業していく生徒たちの先に何があるのか、と思うようになったことが、私が社会教育の分野に進んだ理由です。教科への興味と学力を高め、学ぶことや自分を成長させることの楽しさに気づいた生徒たちに、将来就職しても、例えば主婦（夫）になっても、学ぶ意欲を生かす環境が日本の社会にあるのか確かめたいと思いました。そして社会教育の現場では、学校以外の様々な教育実践とそれに携わる多くの方々に出会うことができました。

学校での教育期間は人生のほんの一部です。一人の人間の人生を取り巻く教育を考えるとき、学校や家庭、地域社会が持つ役割を理解するだけでなく、互いに関与し、一体化させることが必要です。教育は学校だけで完結しない。だからこそ私たち教員は、学校の外にも目を向け、他者と関わりながら、教育を実践する「教育者」でなければならないと考えています。

4　Challenge by Choice

成長とは、自身の「できる」範囲の殻を破っていくことだと考えていますが、できないことに取り組む挑戦は大人でも勇気を要することです。失敗が許される環境や周囲との信頼関係がなければ、挑戦は生まれません。

一方で、近年日本社会は失敗を恐れ、また他人の失敗を許せない社会になっていると切実に感じます。失敗を経験し、心を強くすべき子どもが、できるだけ人前で失敗しないように、成功できることにしか取り組めなくなり、たった一度の失敗で心が折れてしまう。また大人は、子どもに失敗させまいと、先を歩こうとする。これでは自立した大人に育つはずがありません。

“Challenge by Choice”は、他者から強制されることなく、自己選択により課題に挑戦すること。どんな課題を、どう乗り越えるのかを決め、挑戦するのは自分自身でなければなりません。そして、家庭や学校、そして社会は、彼らの挑戦を支えるために、「失敗しても大丈夫」という安心できる環境を築くことが何より大切だと思うのです。

5　おわりに

教員は、生徒の成長・人生に関わるからこそ、大変なことや苦しいことが多い職業ですが、それらを拭うだけの大きな喜びがある職業だと確信しています。そして、私たち教員には次代を担う子どもたちを育てるという「使命感」と次代の教育界を支えていく教員を仲間として育てるという「使命感」もまた必要です。多くの諸先輩方にしていただいたように、私自身も、若き後輩に向き合っていきたいと思います。

学び続ける教員でありたい

鹿児島県教育庁高校教育課主任指導主事兼産業教育係長　**田中耕一郎**

どんな仕事でもきっとそうであるように、私の教員生活にも心に刻まれる幾つかの出来事があった。そこで学んだことを紹介したい。

「明日からは、作業服にヘルメット着用でお願いします。作業服は我々のユニホームです。」これは、日本製鉄名古屋製鉄所で研修初日に言われた言葉である。この作業服で日本の製造業を支える仕事をしているという誇りと自信に満ちた言葉であった。高校の機械科の教員である私は、機械制御を学ぶため1か月間研修をさせていただいた。中でも特に印象的だったのは、同僚や先輩、後輩との絆の強さであった。皆が作業班ごとに強く結ばれ、しっかりと自分たちの役割を果たしていた。なぜなら、製鉄所での事故は命に係わることが多く、信頼関係がなければ命の保証もないという現実があるからだ。2019年は、ラグビーのワールドカップが日本で開催され日本チームの活躍に感動したが、まさに「ONE TEAM」の精神が息づいていた。『あおいくま（あせるな、おこるな、いばるな、くさるな、まけるな）』という言葉が先輩から後輩に伝えられていた。当時、採用5年目だった私は、一人前になったような勘違いをしていたことに気付かされた。自分一人の力は大したことはない。仕事は、人と人との信頼関係の上に成り立ち、そのことが仕事の質を高めるということを深く心に刻む体験であった。

また、採用9年目に鹿児島県総合教育センターで1年間の長期研修の機会を得た。研究の途中、試作ボードでは動作したAD変換回路が、実際の基板上では動作しないという壁に当たった。様々な専門書で確認するが、回路上の間違いはなかった。回路が完成しないと研究も進まないので、寝ても覚めても回路のことばかり考えていた。その時、たまたま見た専門雑誌に「アナログ回路の落とし穴」としてバイパスコンデンサの使い方が記載されていた。早速バイパスコンデンサを組み込むとスムーズにAD変換するようになった。研究の行方を左右する回路の完成は、とても感動的だった。そのころNHKで放映されていた『プロジェクトX』の主役になった気分だった。その時から何か問題が起きた時、その解決策を見つけるために、そのことを常に心のどこかに置くよう心がけている。アンテナを高くし、大事な情報を見逃してしまわないようにするためだ。このような経験から、例えば、新採の先生に話をする機会があれば、「あなたは、あこがれの先生がいますか？」と質問し、「教員生活にゴールはない。常に目標とする先生や先輩、理想の教師像を追求するように」とアドバイスしている。自分はこれでいいと思った時、教員としての進歩も終わると思うからだ。鹿児島県総合教育センターには「教学一如」という理念がある。教えることは学ぶことであり、学ぶことは深く生きようと願うことであるという意味だ。長期研修やそこでの５年間の勤務経験により、私の心に刻まれている言葉である。私自身も資格試験の指導のとき、常に前回よりも合格率を上げる努力をしてきた。２級ボイラ技士の試験で１回で40人中39人の合格者を出したときの感動は忘れられない。

最近では、教頭研修会で「正常性バイアス」の話を聞きハッとさせられた。何か事が起きた時に「何とかなるだろう」「そこまで大きな問題にはならないだろう」と何の根拠もない見通しを立ててしまう恐ろしさのことである。教頭として、一つひとつの事柄に丁寧に対応するよう心がけているが、職務の多忙さや問題の複雑さから見通しが甘くなり、事が悪い方に発展してしまうことがある。特に保護者や地域の方との関係が崩れると、感情的な言葉が飛び出し事態の収拾にかなり苦労することになる。そのような事態を避けるには、何か事が起きた場合、まずはしっかりと情報を収集し、それまでの自分の経験と照らし合わせ、最悪の事態を想定した上で関係職員と連携し、最終的な校長先生の指示のもと対応することが大切である。しかし、いつも同じ問題ばかりが起こるわけではなく、現在も日々対応に頭を悩ませているのが現実である。

教員の仕事はブラックと言われ、その希望者も減少傾向にある。しかし、教育の魅力は、生徒を教え導くことにある。なぜ、魅力であるかといえば、それは、一人ではなく学校全体で取り組み、そのことにより自らも学び成長できる素晴らしい仕事だからではないだろうか。「先生」と呼ばれることに誇りをもち、誰もが憧れるような職場になるよう、これからも地に足をつけた教育をしっかり実践していきたいと思う。

「知・好・楽」

青森県立五所川原高等学校教頭　**玉井勝弘**

1　教職経験

自分が理想としていた数学教師のように教科指導をする自分を思い描いて赴任した初任校は「肢体不自由養護学校高等部」であった。これ以降、養護学校での5年間を皮切りに、定時制高校（3年）、農業高校（4年）、定時制高校（4年）、普通高校（13年）、実業高校（2年）を経て、教頭として普通高校に赴任した。教員最初の13年間は担任としてクラスを持つことができたが、それ以降は18年間のうち16年間を教務主任として教職に携わってきた。教職人生をスタートして早々、教師の仕事は教科指導以外にもたくさんあることを知り、大学の教職課程で学んだ内容や教育実習と現実は異なり、大変だと思ったのは多くの先生方と同じだと思う。しかし、転勤で行く先々の学校には必ず「教科指導」「生徒指導」「部活動」等の様々な教育活動で熱心に指導に取り組まれている先生方（若手からベテランまで年齢を問わず）が多く、自分では絶対にかなわないと思うとともに、自分自身の力の無さや、この先もまだまだ研鑽を積まなければならないという使命を痛感した。これまで多くの失敗や、試行錯誤を繰り返してきたが、初任校における経験は、私の教師としての指針となった。

2　養護学校での経験

新採用教師として意気込み、赴任した先は養護学校であった。高等部のみ設置された肢体不自由の学校で、生徒たちの進路は大学進学、公務員、就職、施設入所など様々であった。授業も障害の程度に合わせて行われ、高校生用の教科書を用いた授業から、教具を用いた小学生程度まで受け持った。教科指導以外にも障害の改善・克服をめざした養護・訓練なども行い、少ない生徒に対して多くの教員団が関わり手厚くサポートしていく、これまで経験したことがないことばかりの毎日であった。そして、月に数回は舎監として寄宿舎生活を送る生徒たちと生活し、各々の障害を学びながら生徒理解をさらに深めていた。

教員になり数か月が経った頃、障害で思う通りに動くことができない生徒に対して「かわいそう」という気持ちが強くなり、手伝えることはできる限りしてあげようと考えるようになっていた。しかし、ある先輩教員からの一言で、そのことが大きな間違いであることに気づかされた。

「生徒は親が死んだ後も生きていかなくてはならない。そのとき、自立して生きていくためには、自分でできることを少しでも増やさなければならない。できることを増やすために教員はサポートしてあげなければならない」という内容だったと思う。

生徒のためと思ってしていたことが、生徒の可能性を狭め、能力を伸ばすことの妨げになることに大いにショックを受けた。

進学・就職においても、試験を受けるのは生徒である。また、生きていく上で直面する様々な場面で考え、行動するのも生徒自身である。

生徒が学校生活で学び、身につけたものを様々な場面に生かすことができる能力を育ててこそ、初めて教員としての役割を果たしたと言えるのではないだろうか。

教員は生徒の持つ能力を引き出し可能性を広げ、「生徒が自立するためのサポート役」であると強く思い、これまでの教員生活の基本姿勢としてきた。

３　「知・好・楽」

私の好きな言葉に論語の「知・好・楽」がある。

教師を目指すきっかけのひとつが、家庭における父親の姿であった。中学校の美術教師であった父は、週末になると風景の撮影に出かけたり、庭の花壇の手入れをしたり、夕食を済ませると毎日のように筆を持ち、それらを題材に油絵を描いていた。また、自宅で仕事の愚痴を言う姿を見たことがなかったため、好きなことを楽しみながら仕事ができる教師は良いものだと思っていた。当時と現在では学校を取り巻く状況が大きく変化しているので単純に比べることはできないが、授業者としても、管理職としても、「生徒（教員）のことをよく知り、好きになり、楽しみながら教える（仕事をする）」ことができれば、きっと生徒・教師・保護者、誰にとっても良い学校、皆にとって居心地の良い学校になると信じている。

大きな影響を受けた３つのキーワード

新潟県立阿賀野高等学校教頭　**宮澤雅樹**

私は現在、新潟県の県立高校で教頭をしています。大学院を卒業してから21年間、行政経験を含む様々な経験をさせてもらいました。その間、私に大きく影響を与えたキーワードをもとにこれまでの経験を振り返り、将来を担う先生方へのメッセージとしたいと思います。

「授業第一」

私は初任者の頃、生徒からいつでも質問できるような雰囲気の授業を心がけ、全員がわかるまで丁寧な説明を何度も繰り返していました。一方、隣のクラスは、私語を絶対に許さない、張り詰めた緊張感がある厳しい先生が担当していました。その先生の授業は、生徒は最初、「怖い」などと言っているのですが、問題が解けるようになっていることが生徒自身でわかるようになると一気に成績を伸ばしていき、生徒からの信頼も同時に得ていました。このことは自分のやり方が正しいと信じていた当時の私にとって衝撃でした。それからは、様々な先生の授業を見させてもらいながら生徒にあった授業スタイルを必死に研究したことを覚えています。

私が高校生の頃、一番求めていたのは、授業中の雑談が楽しい先生でも、自由奔放にさせてくれた先生でもありません。多少厳しくても専門的な知識を生かして自分たちをリードしてくれる先生だったと思います。教師が限りある授業時間をどのように使えば生徒が一番成長するのかを真剣に考えることは、信頼関係の構築にもつながります。そのような意味ですべての先生にとって「授業第一」なのです。まずは深みのある専門知識を日々アップデートする。アンテナを高く持ち、生徒が将来生きる社会に必要な能力は何かを知る。それらをどのような知的活動をとおして生徒に伝えるかを真剣に考える。これらを肝に銘じながら、日々の授業を構築することをお勧めします。

「社会貢献」

３校目に異動して担任をもった教員13年目、卒業生である現役東大生にインタビューをする機会がありました。彼らは「将来は伝染病の研究をして数万人の命を救いたい」「経済学を学んで日本経済を理想の姿に変えてみたい」など、将来の夢を湧き出るように語ってくれ、私も引き込まれるように耳を傾けていました。そのとき、彼らには「勉強する目的が『社会貢献』である」という共通点があることに気づきました。思えば、社会貢献という言葉はほとんどの学校の校歌や教育目標に入っています。先人は、「個人の最大の力が発揮されるのは、社会貢献に向けて努力したときで、皆がそれに向かって真理を追求することでより充実した社会を構築できる」ということが普遍的真理と知っていたのだと思います。それ以降、社会貢献や知的好奇心は人間の本能のようなもので、それに則ることが、遠回りのように見えても、実は進路希望実現の一番の近道であると考えるようになりました。社会貢献といっても具体的な目標をすぐに見つけることは生徒にとって難しく、知識を吸収することと平行するのが一般的と思います。そこで、今学んでいるものが社会に貢献するための知識の基盤につながっていることを意識させながら、学びを継続させることが大事なのだと思います。私が進路講演会などで話すときには、まず社会貢献についての話を導入にして目的意識を持たせてから、そのために今、何をするべきかを考えさせるようにしました。

「日々精進」

３校目の後、指導主事として３年間の行政勤務をしました。慣れない仕事に苦労した日々ではありましたが、学校内外の様々な人たちの考え方を知りながら、人生の転機といえるほどの広い視野に触れることができました。学校を取り巻く現状と課題や、今の高校生が将来必要となる資質や能力は何かなどを知るため、新聞を毎日隅々までチェックし、週末になると様々な分野の本を読みあさるようになり、博学多才の重要性を知る機会にもなりました。さらに、周囲の上司や同僚から教わったことの大量のメモを続けていくと、自分が周囲の人に育ててもらっていることも自然と実感でき、感謝の気持ちも強くなりました。広い視野を持つべく「日々精進」するだけで、これだけのメリットがあるのです。

現在も教頭１年目として「日々精進」を心がけています。責任の重さを痛感することも多いですが、新しいことを学びながら社会貢献するという目標に向かって仕事をすることは充実感があるものです。

私を変えた出会い

宮崎県教育研修センター企画調査課課長　**間曽妙子**

1　はじめに

「おはよう！」「今日もちゃんと来たね」「急ぎなさーい！　遅刻になるよ」。本校の授業は９時開始。本校の一日は、職員が校門のところに立ち、元気な声で生徒を迎えることから始まります。今年から教頭職を仰せつかり、13年ぶりに学校で勤務することになりました。

これまで、普通科、商業科、通信制課程という様々な校種、また、教育委員会事務局での勤務を振り返り、教育観の変化などについて、述べたいと思います。

2　私を変えた先生方との出会い

初任校は、全日制普通科高校。大学進学を希望する子どもたちが多数いる学校でした。３年目に、初めての担任をさせていただき、身の引き締まる思いになりました。意気込んで始めた担任業務でしたが、クラス経営では失敗だらけ。日々うまくいかないことばかりで、この時期、何度も教師を辞めようと思っていました。

私の価値観が大きく変わったのは、通信制に勤めた時でした。その学校で私は、教師に対して攻撃的な態度を取る生徒、長年の不登校経験から基礎学力がほとんど身に付いていない生徒、人とのコミュニケーションを取るのに困難を抱えている生徒等、様々な子どもたちと出会いました。先生方は、そういう子どもたちに対して、一人一人の名前を呼び、少しの変化も見逃さず、丁寧に声かけをされておられました。このように子どもたち一人一人を認める指導を繰り返していくことで、子どもたちの自尊感情が少しずつ高まっているのを肌で感じる毎日でした。

また、この通信制で、私は自分の人生を大きく変える校長先生と出会い、この校長先生の勧めで、１年間の長期研修を受けさせていただくことができました。思えば、このとき校長先生からお声かけいただいていなければ、その後の私の教員人生はどのようになっていたのだろうかと思います。ダメな教師だった私の何に期待してくださったのかはわかりませんが、この校長先生との出会いで、教育に対する決意を新たにすることができました。

3　教育委員会事務局での学び

長期研修後、縁あって教育委員会事務局での仕事をさせていただくことになりました。最初の勤務場所は、教育研修センターの教育相談担当でした。しかし、事務局には入ったものの、私自身には何の実践もない。周りを見れば、これまで様々な研究で名の通った先生方ばかり。違う世界に来てしまったと後悔することも多々ありました。

しかし、ここでも私の人生を変える方との出会いがありました。その方は、自費で研修を受けに行くなど、自己研鑽を怠らない方でした。そのことを知った私は、積極的に県外の研修に参加することを心がけました。

事務局で様々な方と一緒に仕事をすることで、きめ細かな配慮や根拠をもって仕事を進めることの大切さなどを学ぶことができたと思います。

4　おわりに

令和のスタートとともに、教頭として学校で勤務することができた私ですが、わずか１年で異動となりました。

思い起こせば、未熟な教師としてスタートした私でしたが、校長先生や多くの素晴らしい先生方との出会いや縁に恵まれ、教頭職をなんとか務めさせていただくことができました。学校では先生方が目の前の子どもたちにしっかり向き合うことができるような職場環境づくりに自分なりに尽力いたしました。それは、生徒一人一人が自分なりの花をしっかりと咲かせるような学校にしたいという思いからでした。

現在の職場には目の前に子どもたちはいませんが、私たちの仕事の向こう側には様々な思いをもった子どもたちがいることを忘れずに職務を遂行したいと思います。

一人ひとりの生徒と向き合って

鹿児島県立志布志高等学校教頭　**亀田　誠**

私の32年間の教員生活での経験談等を中心に記していきたいと思う。

1　初任校　地方の普通科高校での勤務

昭和63年、新任の教員として地方の普通科高校に着任した。社会科には私の他に30代から50代の６人のキャリアのある先輩の先生方がおられ、教材研究の方法や板書、授業プリントの作成等細かく指導をいただける得がたい日々を過ごした。部活動は全く経験のない陸上部の顧問を任され、初めは部員への激励やタイム計測などしかできなかったが、他校の専門の先生から指導を受けるなど私なりに学んだことで、次第に専門的な指導もできるようになった。

2　２校目　専門高校での勤務

平成４年、工業高校へ異動した。当校は卒業後就職する生徒が多かったので、社会での様々な事象を生徒自らの生活に関連づけ、理解させるために、新聞を活用した授業を積極的に取り入れた。また、生徒に将来仕事の現場で生かせる資格の取得を進めていたことから、私も担任するクラスの生徒たちと共に資格取得に取り組み、生徒の意欲を喚起した。

3　３校目　総合学科の高校での勤務

平成13年、総合学科に改組して２年目の高校へ異動した。各進路希望に対応した科目選択制をとっており、クラス全員が一緒に授業を受ける機会が少なかった。そこで、SHRやLHRの時間を大切にし、レクリエーションや、同じ進路希望を持つ生徒同士で進路研究をし、報告し合う取組等により一体感を持たせた。

また、当校では進路指導主任を４年間担当した。生徒の進路希望は多岐にわたっており、早期に進路目標を明確化させるため、進路ガイダンスや社会人講話などの機会を多く設定する等の工夫して、生徒の進路実現につなげた。

4　県の教育機関での勤務

平成18年、県の教育センターへと異動となり、主に教員研修の業務に携わった。部内には小中学校籍の職員も多く、その多様な経験と実績を持つ人々と共に仕事をする貴重な経験もした。また、国や研究機関の教育施策について身近に触れ、研究する機会は私の視野を拡大させてくれた。さらに当時は小中高連携が提唱されており、社会科と地歴公民科における学習内容の系統性の分析・研究を行い、それを児童・生徒の学びに生かす取組もできた。

5　4校目　離島の普通科高校での勤務

平成22年、離島の普通科高校へ赴任した。２年目から３年間学年主任として、管理職との連携や学年団の先生方が動きやすく、学級経営が円滑に進むよう気配り、目配りをするのが任務だと考え日々の仕事に当たった。また、生徒の進路実現のため担任にはあらゆる機会を通じて生徒一人ひとりと語り合い信頼関係を構築し、その個性の把握に努めるよう依頼した。受験は団体戦だが、先生方、生徒たち共に３年間よく頑張り、素晴らしい結果を出してくれた。

6　5校目　定時制課程での勤務

平成26年、新任の教頭として高校の定時制課程へと異動した。当校には、中学校時代に学校不適応であったり、学習の学び直しを行うなど今日の教育課題を抱える生徒も多かったが、その一人ひとりに丁寧に向き合い懸命にサポートする先生方の姿があった。限られた人的・物的資源で生徒のニーズに合った教育をどのように展開するべきかなど、先生方と方策を研究しつつ、実践した３年間は私の新たな経験となり学びともなった。

7　6校目　地方の普通科高校での勤務

平成29年、教頭として２校目となる現在の勤務校に異動した。この地方の伝統校でもあり、同窓会や保護者の期待は大きいものがある。しかし近年は、少子化等の影響を受け生徒確保が大きな課題となっている。生徒たちは明朗かつ素直で、その挨拶が地域の人たちから高く評価されていることから「生徒たちの長所の伸長と、地域活性化への貢献」を目標に、「あいさつ日本一」を宣言し成果を上げている。今後も教頭として校長と連携しながら、保護者や地域の要請を取り入れた学校作りを継続していきたい。

この32年間、校長や教頭、主任等の先生方から多くの指導や激励をいただけたことに心から深く感謝している。今後、日本の将来を担う生徒たちのために、これからも努力精進していきたいと覚悟を新たにする日々である。

何のための指導か、何のための教育か

熊本県立熊本高等学校教頭　**山下弘昭**

教師が仕事にやりがいや満足感を感じるのは、「生徒の変容を実感した時」との回答が８割に上るという調査結果がある。その過程には、苦労や葛藤が絶えないのだが、そもそも何が生徒の変容につながったのだろうか。私も幸いにして何度も、卒業後に見違えるほど立派に成長した教え子に再会することができた。出藍の誉れを味わうのは教師冥利に尽きる思いである。

学校には教科指導や進路指導、生徒指導など様々な指導が存在するが、その中で私が多くの時間とエネルギーを注いだ部活動の指導について考えてみたい。多くの指導者が考える部活動の目的や意義は、協調性や礼儀を学んだり、チャレンジ精神や自己肯定感を高めたりするということである。しかし、つい熱が入りすぎていつの間にか、生徒本位から指導者本位の論理にすり替わることがないだろうか。

私は、試合中にミスをした一人の生徒を強い口調で指導しているとき、このことをふと感じた瞬間がある。今、自分が熱くなっている本当の理由は、この生徒のためなのだろうか、ただ自分が勝ちたいだけなのではないかと。このことが指導の在り方について深く考えるきっかけとなった。

私が担当していた部活動は、年間を通して定期的に公式戦が組まれていた。それを目標に練習や合宿、遠征を積み重ね、試合が終わればまた次の試合に向けた準備に入る。目標の設定はしやすかったが、まとまった休みが取りづらく、ましてやライバル校が練習している中、休むことに消極的であった。しかし、３年生を担任してわかったのは、部活動を一心不乱に頑張った生徒ほど進路選択に悩む生徒が多かったということだ。その他の活動経験が少ないことが一因だったかもしれない。確かに一つのことに打ち込み、やり切ることは大切だが、幅広く出会いや体験を重ねることも人生の土台作りには必要なのかもしれない。指導者本位の部活動運営は結果的に生徒の豊かな成長の足かせになることもある。

さらに、地域や保護者の期待が、指導者を無意識に追い込むこともある。

試合で負けが込むと励ましの一方で風当たりも強くなり、負のスパイラルに陥ってしまう。生徒の成長を願い引き受けた部活動の顧問であったはずが、いつの間にか自分を見失って……。

私自身の反省を込めて、指導の本質に悩んだり、行き詰まったりしている先生方に一度立ち止まって考えてほしいのである。平成30年にスポーツ庁と文化庁から発表された「部活動の在り方に関する総合的なガイドライン」は、指導の在り方を見つめ直すきっかけになるのではないかと思う。これは、部活動の健全で適正な運用の仕方について抜本的に見直すとともに、休養日と練習時間の上限を具体的に示している。指導者自身もきちんと休みをとり、頭を整理したり、専門以外に触れたりして、人間としての幅を広げる時間が必要である。ものの見方や考え方の広がりは、生徒に必ず還元されるからである。このような改革や改善を実現するには、管理職のリーダーシップと学校全体の理解と協力が欠かせない。

さて、進路指導に定評のあるベテランの先生の一言が今も忘れられない。進学実績を伸ばす秘訣は何ですかという私の質問に、「人間的成長」とずばり答えられた。私は、もっと技術的な答えが返ってくると思っていたので少し驚いたが、目から鱗が落ちる思いだった。実は、教科指導も部活動指導もすべての指導の根っこは同じで、生徒の人間的成長を図ることである。生徒は一人ひとり「心」を持っている。この先生が自分を成長させようとしている人なのか、そうでないのかなどすぐに見破ってしまう。勝つことだけに成長を求めるのではなく、成長させて勝つことを目指すのが本物の指導者である。

学校は教育改革や働き方改革の大きなうねりとともに激動の時代を迎え、教師の仕事にも大きな変化が求められている。しかし、どんなに時代が変わっても何のための指導か、何のための教育かについて、常に自分自身に問い続ける先生方と一緒に生徒の人間的成長につながる仕事をしていきたい。

教育は相手を尊重することから

青森県立八戸水産高等学校教頭　**嵯峨弘章**

1　福祉行政時代の「全体の奉仕者たる公僕としての意識」

私は大学を卒業後、教員になる前の２年間、行政職として青森県庁生活福祉部の出先機関である福祉事務所に勤務していた。そこでの仕事はケースワーカーであり、大学卒業後、住民と直接関わる仕事を志望し希望どおり福祉事務所に配属された（自らケースワーカーを希望する者はおそらく少数だったため変わり種だったと思う）。

当時の仕事の内容としては、福祉六法（生活保護法・児童福祉法・母子及び寡婦福祉法・身体障害者福祉法・知的障害者福祉法・老人福祉法）に基づくもので、中心は生活保護業務だった。生活保護受給者の家をケースごとに家庭訪問し本人及び家族と面談し、可能であれば就労を促し、保護費を削減するような仕事だった。

福祉事務所に勤務した２年目の課長の言葉が現在も頭に残っている。「我々は公僕（パブリックサーバント）であり、全体の奉仕者として県民にサービスを提供する役目があるということを忘れるな」というものだった。この言葉は四半世紀前の、とある宴会の場面でかけられたものだったが、その後自分の教育の指針として、常に頭の中に置いて子供たちの教育にあたってきた。このことは憲法第15条、地方公務員法第30条にも明確に示されている文言ではあるが、公務員として仕事をする上ではとても重要な指針であると思っている。

なお、福祉と教育の現場の両方を経験した身として、双方には大きな違いがあると感じた。生活保護業務は教育と同じく法律に基づいて行われている。しかも何か対処を求められる問題が発生した時には分厚い「生活保護手帳」なるものが存在し、そこには事細かな事例のそれぞれの対処の仕方がＱ＆Ａの形で示されている。基本的に、対処の仕方に迷ったケースワーカーは、生活保護手帳に示されているところに従えばいいし、それでも迷った場合にも基本は生活保護手帳の問答に基づいて対処を決定すればいい。それに対して、教育の場合は、福祉における生活保護手帳はなく、学校、教員の教育思想、教育観に基づいて、その裁量に任されているところがあると感じた。迷いの度合いは教育の方が大きいが、その分やりがいがあるのではないだろうか。

２　教育行政時代の「尊重」という指針

平成５年度に福祉から教育現場に移り、その後19年間、４校で「教諭」として奉職した。主に進学校での国語教員として生徒の指導に情熱を傾けてきた。無我夢中の日々であったが、時には生徒指導に悩み、己の乏しい教科指導力に歯噛みしながら、生徒に生き抜く力を身に付けさせるため取り組んだ。平成24年度から５年間、指導主事として教育行政の場で働いた。生徒指導担当として県内のいじめによる重大事態の担当としても働いた。県内の高校のよりよい教育の実現を志向する中で、ある時、当時の課長の訓示の中にあった言葉が胸に残った。「尊重」という言葉だった。同僚はもちろんのこと、教育現場における生徒及び保護者に対する時、相手を尊重する姿勢を失わないことが大切だという内容だった。

生徒は今後の社会を担う社会の形成者となる存在であり、教育現場において教員はその人間性を尊重し、決して高飛車な態度で接してはいけない。このことを教員が深く認識する時、暴言や体罰といった不適切な指導は起こりえないはずである。また、生徒に相手を尊重する態度を身に付けるよう教員が指導できれば、いじめやハラスメントは生じえない。

以上が教員の指針として私が常に念頭に置いていることである。現在、管理職として勤務しているが、生徒に直接授業ができなくなった寂しさ、物足りなさは否定できない。しかし、これまでの自分の経験を踏まえ、次代を担う若い教員を指導するやりがいを強く感じながら教職生活を有意義に送っている。これからも管理職の役割をしっかりと認識して青森県の教育を担っていく教員を育てていきたいと考えている。

恩師の言葉に導かれて

熊本県立第二高等学校教頭　**松野研介**

「授業に自信がないと思うのならば、今教師を辞めなさい」

高校時代の恩師から叱られました。「あなたは、勉強していますか。目の前の生徒のせいにせずに勉強しなさい。明日、どの高校に転勤を命じられても、そこでの授業に自信がないと思うのならば、今教師を辞めなさい」。これは、堪えました。あわてて大学入試の過去問集を解き始めました。教材研究に身を入れ直しました。

授業では、①「年度当初に授業方針やルールを説明する」、②「開始のチャイム前に教室に行き、板書準備をする」、③「チャイムと同時に始め、チャイムと同時に終わる」、④「古典では、板書の配置や色使いを統一する」、⑤「わからないことは素直に認め、次の時間に答える」を心がけました。

私立５年、初任校４年、熊本西部大規模校９年、県南伝統校７年、熊本東部大規模校４年と、29年間ほとんど担任と授業ばかりしていました。その中で、小学校入学から現在まで、正式には学校にしか所属したことがない自分の視野の狭さが気になっていました。本棚に漱石のえんじ色の背表紙が増えていくことに喜びを感じていた高校生はマイノリティーだったということも気づきました。何らかの本を自ら読み楽しむ高校生は希少だということに思い至り、15歳までの学びの差に責任を押しつけるのではなく、自らの授業で生徒の成長を引き出すことが教員の仕事だと思い決めました。近年は、生徒の変化に戸惑いを感じてもいました。最後に授業をしていたのは、いわゆる進学校でしたが、不登校で悩む生徒が少なくありませんでした。学年主任の私には、養護教諭や教育相談部、管理職との相談が不可欠でした。

「必ず承けなさい、視野が広がります」

平成25年春、前述の恩師から「あなたは、１・２年うちに『教頭試験を受けなさい』と言われる。必ず承けなさい。視野が広がります」と言われました。畏敬する恩師への返事は「はい」です。

平成26年、支援学校へ赴任。何もかも初めての私には担任も授業もありません。無知に等しい状態で、教頭として特別支援教育に関わることは申し訳なく、恐れ多いと感じました。日々命と生活に向き合い、児童生徒の人生に関わる支援学校の教育は尊いものです。

平成27年、初任校へ二度目の転勤。生徒650人を数えていた中規模校が全校生徒130人ほどになっていました。担任が、特別支援教育コーディネーター、人権教育担当や教育相談係と常に連携することで生徒たちを支えていました。改めて「高校」の存在、その価値ということについて考えました。

平成30年度、前勤務校２年目。学校改革、働き方改革が叫ばれる中、人事評価記録書が賞与や昇給に関わる形で本格始動。「NEXT ○高プロジェクト」として「学校改革」「学校魅力向上」「生徒募集」の３PT 発足し、OJT が推進。PT の働きで、朝課外を希望制に変更、日課も変更。時間外業務時間は平均２割減。「校務棚卸表」を用いた校務精選により、今年度、原則一人一分掌実現。希望生徒による海外派遣研修実施。学科改編、理数科に探究・情報・国際を加えた「サイエンス情報科」開設。台湾修学旅行実施。e スポーツ部創設。

５月11日、体育大会予行の朝６時50分。応援リーダーを務める３年女子生徒が、自転車登校中に後方からきた車に追突され、８時38分病院にて逝去。加害者、酒気帯び運転で現行犯逮捕。保護者から「体育大会は実施してほしい」との言葉があり、天候等もあり延期はしたが開催。

10月、九州地区高等学校野球熊本大会準優勝。秋の九州大会で８強進出。11月８日、選抜高等学校野球大会「21世紀枠」県推薦決定。

11月18日午後１時36分、本校グラウンドでの練習試合に代打で出場した２年生部員、左耳後方頸部に死球。救急車搬送途中に心臓マッサージ開始。病院到着後は人工心肺に切り替えられたが、19日朝、病院にて逝去。保護者から「21世紀枠の辞退はしないでほしい」との言葉あり。明けて平成31年１月25日「21世紀枠」決定。３月甲子園大会出場。

視野を広げるためになった職ではありませんが、教頭だから関わることがこれほどにもあるということは教諭の頃は見えませんでした。学校は、社会の変化の中で常に考え、実行していくところだと実感しています。

「生徒と共にある」ことの大切さ

福井県立武生高等学校全日制教頭　**川内邦央**

新採用から数えて35年、現在の勤務校が６校目。それぞれの学校に大きな影響を受けた先生がいた。教科指導（数学）は高校時代の数学の先生の影響が大きいが、仕事に対する姿勢などは、同僚の先輩教員の影響が大きいと感じる。少しでも何かの参考になればと思い、いくつか紹介したい。

１校目　A町立B小学校、A中学校B分校

新採用となり初めて勤務した学校で、若狭湾に突き出た半島の中ほどにある２級のへき地校だった。そこで出会った教務主任のM先生、気さくな人柄で、採用されて３年以下の若い教員が３分の１を占める職員構成に、さぞやご苦労も多かっただろうと今になってつくづく感じる。その先生から、

「川内君も、この仕事で給料をもらうんやから、『できません』とか、『わかりません』とかは、ゆうたらあかん。なんでも『わかりました』ゆうて、仕事せなあかん」

と言われた。仕事に対する考え方に非常に甘かった私に、この言葉は衝撃だったことを覚えている。女子の仲間外れが起きているクラスを担任することになり学級経営に苦慮したり、中学２年の数学の成績が振るわず指導法に悩んだりした時も投げ出さなかったのは、この言葉があったからだと思う。もちろん、今でも、大事にしている言葉の一つである。

２校目　C高等学校

採用から４年目に通信制の高校に転勤した。自分よりの年上の高校生を相手に「先生」を務めることに戸惑いが多く、ついつい敬語で接してしまうこともあった。それを見かねたのか、隣の席のH先生が、

「川内君、年寄りの生徒も高校生になりたくて高校に通ってきているし、高校生として扱ってほしいと思っているんだから、学校では高校生として、若い生徒と同様に接するべき。少なくとも僕はそうしている」

と言ってくれた。結局のところ勤務した５年間ずっと、H先生のように年上の生徒でも呼び捨てにするということはできなかったけれど、76歳で入学

したMさん（私の教え子（？）の最高齢である）に、高校に対する思いを聞いたとき、H先生の言ったことが改めてわかった。15歳でも17歳でも、高校に対する思いはきっと様々あって、私たち教師はその思いを大切に受け止めていかなければならないと、今も感じている。

３校目　D高等学校

C高校の先生たちに「D高校、生徒指導大変だね」と言われて見送られたが、勤務した５年間ずっと生徒指導部に所属した。登校謹慎の特別指導を受ける生徒がいない日はほとんどなく、取り調べや早朝指導、放課後指導まで忙しかったし、ストレスもたまったが、ずっと生徒指導部でやれたのは、生徒指導主事を４年間務めてくれたY先生がいたからだった。

「おい、奉仕作業行くぞ！」。１日に１回は特別指導の生徒を校外に連れ出し、近所や通学路のごみ拾い、最寄りの駅舎の掃除など生徒と行動を共にした。卒業式の日に特別指導を受けた何人もの生徒から花束などをもらい、「生徒と共にある」ことの大切さを教えてくれた先生だった。

特別指導が終わる２日前には担任に対し、「僕に、生徒の前で『こいつ、まじめにやっているので、そろそろ解除してやってください』と頼んでほしい」と言い、実際に、担任がY先生に頭を下げて「お願いします」と言った２日後に自分の特別指導が解除されると、生徒は「担任のおかげだ」と感じ、担任への信頼が増し、担任もその後の学級経営がしやすくなったようである。いささか芝居じみているかもしれないが、多感な高校生には効果的であったと感じる。このひと手間が大切なのかもしれない。

毎年度末には「Y先生が生徒指導主事なら、私も生徒指導部で構いません」と管理職に伝えていたら、ある年Y先生から、「管理職から『お前が生徒指導主事を引き受ければ、川内を生徒指導部においておけるんだから、引き受けろ』と言われた。どうしてくれるんだ」と小言を言われたのも、今はいい思い出である。

いい先生に恵まれて、今、教頭として仕事をしている。大上段に振りかぶらなくても、ひたむきに仕事をしていれば、少しは役に立つだろうと言い訳しながら、毎日を過ごしている。

明日は今日よりも「良い先生」になりたい

宮崎県立宮崎大宮高等学校教頭　**柳井健二**

新採のころ「ダメ教師」の自覚があった（言われていた）ので、それなりの心がけをしていた。それは、対話をする、である。初任校は当時教職員数が100名超であったが、全員と話すことを目標にした。当然、初めは顔と名前を覚えることすら難しかった。そこでまずは元気な挨拶とSmall Talkを続けるようにした。もっとも、胸襟を開いて話をするとなると、「のんかた」（飲ん方）、つまり酒席を共にするのが有効であった（これは実は親友である鳥取県の福島卓也先生の受け売りで、教科、学年、校務分掌、全体忘年会・歓送迎会等の酒席で参加者全員と話をする、ことを倣ってみたのである）。生徒指導から学級経営、教科指導等、ひざ詰めで教わることができた。日ごろ疑問に思っていることをぶつけたり、職員室では恥ずかしくて尋ねることができない幼稚な質問をしたりしても、嫌な顔をされることはなかった。辛らつなお説教も多々あったが、ダメ初任が意を決し懐に飛び込んできているのを見越して、「こいつをなんとかしちゃろう」という熱い厚い篤い眼差しがあった。振り返ると、親友のアドバイスで職場の全員と話をすることの大切さや、「呑めばわかる、話せばわかる」に気づいただけではない。ダメ初任は、対話が「我以外皆我師」であると気づいた。謙虚な気持ちで話を聞くうちに自分の考えが広く深くなっていった。

もうひとつの心がけは「素直さ」である。ダメ教師でも根は真面目であったのか、または単に「指示待ち世代」だったのかはわからないが、「授業公開してくれん？」と言われて断った記憶がない。平成５年から30年まで教壇に立つ間、結果として研究授業や公開授業、講座や発表等合わせると60回ほどになる。素直さの積み重ねと自負しているが、これも始まりはアドバイスである。大分大学の柳井智彦教授の研修に参加した折に「授業実践等やったことをまとめると良い」と伺った。しかしながら、まとめる材料がなかった。それならば、と依頼があるたび素直に従った。ところで、「英語ができるようになる」は、ゴルフの上達や効果的なダイエット同様、単一のジャンルで方法が百花繚乱である。授業を公開するにあたっての準備も必要なため、数多のメソッドやアプローチを求めて県外にも足を運び、覚えたテクニックを授業展開で活用してみた。すると、最初の頃は我流の指導案を書いて下手くそな授業をしていたが、研究協議等でいただいた指摘を記録に残しストックがたまるうちに授業観が磨かれたのだろうか、次第に「本質とは何か」を意識した授業構築を考えるようになった。百花でも根本的には同じ見方を有していると気づき、愚者の一得と、自分なりの花を咲かす努力を惜しまないようになった頃には授業に少し自信も出てきた。

対話によって己の至らなさを知り、記録によって過去から学び成長することができる。器用ではなくても、愚直さを認めてもらえる日はきっとやってくる。本稿の執筆のお誘いをいただいたのも、憧れの先輩とのつながりによるが、まるで虎榜に名を連ねたかのような誇らしい気持ちである。素直に引き受けたのは言うまでもない。さて、拙い文章の最後に伝えたいことは心がけとは少し違うかもしれないが、その憧れ、つまり教員としてのロールモデルや節目を意識して自ら行動することである。初任の頃、３年経ったら、10年経ったら、そうなっていたい、と思う憧れの先輩の先生方がいた。例えば、件の先輩は現在の自分が未来の勤務年数や職の節目でなりたい姿、背中を示してくれる道標であった。他教科であったが授業を見学させてもらい、学級通信等プリントをねだり、喫煙室で相談に乗ってもらい、二次会三次会までくっついて行き……。節目がきても憧れの先輩教師のようにはなれなかったが道標に向かって歩む粘り強さは身についた、と思いたい。少なくとも、ロールモデルや節目を意識した行動をとってきたことで自力と自立が育った。また、自分を振り返り次のステップへと足を踏み出す機会も与えられた。憧れが自らの志を高め、ただ比較するだけでなく、明日の自分は今日の自分よりも「良い先生」になりたいと素直に思えるようになっていった。

終わりに、新学習指導要領に「社会に開かれた教育課程」という理念がある。まずは教師間の胸襟を開いた関係、連携や協働が、地域とともにある社会に開かれた学校の確かな土台になるはずである。そのための教師エージェンシーを高める職員室経営を心がけてはいるのだが……。

教えて飽まず

宮崎県・日南学園高等学校教頭　**荒牧浩一**

ずいぶんと昔のことになりますが、私が新任教師として働き始めたころ右も左もわからない中で、慌ただしく一日一日が過ぎていったことを思い出します。その頃自分なりに心がけていたことは、誰よりも早く出勤し、机の上を拭き、一刻も早く一日をスタートさせることでした。理由は授業準備や校務分掌での仕事をできるだけ早く済ませたいということもあったと思います。それと授業に行かないクラスの生徒とのコミュニケーションがとれたり、先生方や上司の先生がされていることを見て何かしら自分の頭の中に情報として取り入れ、勉強になっていたと思います。いわゆる観察のような意味と、一日に余裕を持たせるためだと思います。恵まれていたのは、管理職や上司の先生から起案の書き方や授業の進め方など細かなことまで指導していただき、少しずつ一人歩きができるようになっていったと思います。中でも同じ教科の先輩から授業で利用できる山ほどのプリントファイルを見せていただきとても参考になりましたし、何よりとても心強かったことを覚えています。

目標としていたことは、困難にたじろがず自分一人で勉強できる生徒を育み、そして小さくても良いので必ず夢や目標を持たせ、ナポレオンの成功の哲学のようですが、やれば必ずできる、自分にはその力があるという姿勢や考え方を大事にする生徒を育てていきたいということでした。実際の教育現場の現状は学科によって学力の差や目標に対するモチベーションや意識の差があり、なかなかこちらが思っているような教育活動ができませんでした。

しかし、こういうこともありました。ある生徒は高い能力を持った生徒でしたが、自分の意志ではなく保護者の強い勧めで本校へ入学しており、３年生の時に私がクラス担任となりました。進みたくない進路を目標とされていたことに、だんだんと悩むようになり苦しんでいました。学習活動にも身が入らないどころか、親への反抗も強く日増しに生活態度まで崩れていきました。私は電話で話すのがあまり好きではないこともあり、その日の勤務が終わってから、ほぼ毎日のように家庭訪問しました。時には保護者へ了解をとり、玄関近くですが外でよく話をしていました。たいした話はできていなかったと思いますが、私の思っていることや、考えていることを伝えました。約１か月経過したころ、本人の頭の中が整理されたのでしょう。また普通どおりに登校するようになり前を向いてくれました。保護者の理解もあり別の方向への進学を決め、無事卒業していきました。その後、たまたま、ばったりと会った時に悩んでいた頃の話をしてくれ、その時のことをとても感謝している旨の内容でした。とても嬉しく今でも心の財産となっています。すべてがうまくいくわけではないのですが、教師が一生懸命になって生徒と一緒に考え、向き合っていくことが大切なんだと思います。

また、教師生活が10年を過ぎた頃、バレーボールの監督をさせていただきました。コーチングの知識や技術指導力もそうあるわけではありませんでしたので、日々勉強しながら毎日一生懸命がむしゃらに指導していました。他県の大学や高校で活躍されている監督の先生方から理論や技術指導方法、チーム作りのポイントなど、足しげく通いながら勉強させていただきました。そこで得たものを自チームに反映させ競技力・チーム力向上につなげ試合に臨んでいました。やはり大変であったことには間違いないのですが、情熱を注げば注ぐほど、そのことが生徒の心にも響き、伝わるものだと実感しました。生徒と共に喜び、苦しみ、そしてくやしさなど共感してきたと思います。授業やクラス活動では経験できない体験でした。

論語の「教えて倦（う）まず」ということについて書かれた本を読んだことがありますが、孔子は教えて飽きなかったということを、人は聖人などになることは不可能であるが、そこに行き着きたいという理想とか目標があったからこそ、学び努めることに対して飽きることはないという教えです。人に教えても飽きないということですが、そのためには理想と使命感を持ち、目標をはっきりとして進んでいくことが大切だと思います。そういう教師でなければ途中で飽きてしまいます。初任の時は希望に燃え、期待をもって臨みますが10年経ち20年経つと飽きてきます。飽きてくるということは理想や目標が消えてしまっているからです。私も退職まで、いくら教えても飽きない、そういう教師でありたいと考えます。

第2章

子どもたちの成長を育む仕掛けづくり

学習指導・生徒指導・クラス経営

現場の最前線への想像力

愛媛県立松山南高等学校教頭　**光宗宏和**

1　A Poor Boy 2018

たぶん、卒業式の頃は劣等感のかたまりであってもいいはずです。なぜなら卒業式の頃はまだ「何者でもない自分」でしかないのだから。誰の人生も「何者でもない自分」（私訳では“a poor boy”）から始まります。ちなみに、「僕は“a poor boy”だった」から始まる洋楽の名曲に「ボクサー」（サイモン＆ガーファンクル）と「ボヘミアン・ラプソディ」（クイーン）があります。――教頭になってから、こんな文章を卒業生に書いた。さて、定年退職という一種の卒業式を間近に迎えた私は何者かになれたのか？　もちろんなれたとは言えないが、37年間高校生に国語を教えることができたことにはとても感謝したい。そんな私がなるほどと思った言葉がある。それが「この世に完璧な指導者などいません。それを目指す道があるだけです(注1)」だった。目指す道があって、まだまだだと思っているうちが花なのだと改めて思う。

2　文学でしか救えない何か 1984

むしろ孤立すべき時に、君らはあまりに群れすぎる。――新採教員として赴任した学校で、こんな文章を生徒に書いた。80年代は「荒れる学校」の時代だった。共通一次初年に某大学工学部に入学後、将来を見渡した時に、生徒と一緒に本が読める国語の先生としてなら生きてゆけるかもと思うようになり、東京学芸大学を再受験した。そして愛媛県の先生になったのだが、仕事、学校、地域などに身体がなじむのに２年ほどかかった。それまでの自分を全部ご破算にして教師用の自分を作るのに必要な時間だったのだろう。自分の言うことを聞かない生徒が集団化したように思った時は、心身ともにとてもこたえた。

何とか乗り切れたのは、若さと同僚と文学のおかげだ。「20代の大半は失意の日々だったが、かなりヤケクソにしても颯爽と生きたつもりである(注2)」という言葉が支えてくれた。文学は、実生活では何の役にも立たない。しかし、世の中には文学でしか救えない何かがあることもまた確かだ。

３　仕事を通して自分の中に本当に残っているもの 1998

継続して取り組んでいるのは『こゝろ』の授業実践です。「今まで生きて来た中の人生観恋愛観人間観を全部ぶち込んでもおつりが返って来る作品だからその気でやれよ」と生徒にはったりをかましてやっています。――こんな文章を大学卒業後14年目に国語科同窓生に書いた。翌年、これまでの仕事を通して自分の中に本当に残っているものを確かめるために鳴門教育大学大学院に行き、２年間で約300編の『こゝろ』論を読んで修士論文を書いた。「いままで調べ、ようやくわかった自分のわからないところに、自分をパラシュートで落としてやる。そして、そこから書きはじめさせる(注３)」という言葉が理想だった。これに見合う文章を書くには本当の修練が必要だ。現場に戻って７年後に鳴門教育大学、17年後に愛媛大学の学会誌に『こゝろ』授業実践報告を書いた。とりあえず書きはじめる場所には立てたのかもしれない。

４　そこはもう未知のゲレンデだ 2006

１円単位で計算が合っても１億円単位で合わないことがあります。１円単位のときには、ボーダーまで何点等の情報を使います。しかし、１億円単位のときに必要なのは、自分の心の底からわき上がってくる何かを探るということです。親の考え、担任の意見、ボーダー等を考えに入れた上で、心の底からわき上がってくる何かを探り当ててもらいたかった。――こんな文章を、国公立大学出願を終えた頃に生徒に書いた。19回目の最後の担任の年だ。

ここまで書いた私の言葉は、あの時のあなたに届いたのかなあ。教師の言葉が届けたい人に届くためには、現場の最前線への想像力を持ち続けることが必要だ。そのためには、自分の中のどこかの部分で現役選手でいることができればとてもいいと思う。長年滑り慣れたスキーゲレンデでも、赤青の旗門とフィニッシュラインが設置されてレースバーンに様変わりしたコースをスタート地点から見下ろすと、見慣れた世界は一変してそこはもう未知のゲレンデだ。こんな選手の気持ちが想像できることは、実は完璧な指導者を目指すための最初の一歩なのかもしれない。

注 ⑴ エディ・ジョーンズ『奇跡のレッスン』NHKBS１、2017年
⑵ 吉行淳之介『街角の煙草屋までの旅』講談社、1979年
⑶ 加藤典洋『言語表現法講義』岩波書店、1996年

私の原点となるもの

大分県・明豊高等学校特別進学部長　**大林秀子**

私の教員人生は「ツッパリ君」との出会いで幕を開けた。教壇デビューの朝、「うるさーい！」と叫ぶ自分の声で目が覚めた。「夢か」。頭の中で、ぐるぐると不安が駆け巡った。その不安を覆い隠すように「教員」という鎧を身にまとって出陣した。不安は見事的中。初めての授業に向かう廊下には、ツッパリ君が勢ぞろいし、座り込んで眉間にしわを寄せて私を下から見上げていた。心臓はバクバクしていたが、なんとか席につかせた。それから50分間、何を言っても無気力な表情を浮かべ、私の問いかけに誰一人として答えようとはしなかった。50分間笑顔で元気に話し続けたものの、心はズタズタだった。あれほど長く思えた50分間はない。チャイムが鳴って、そのままトイレに駆け込み、嗚咽したことを今でも鮮明に覚えている。こんな生活がこれからずっと続くと思うと、絶望感でいっぱいになり、身にまとったはずの鎧も無意味に思われた。

ところが時が経つにつれ、このクラスの生徒たちが一番の心の支えになった。勉強は大嫌いで、中には高校２年生でアルファベットを書けない生徒もいた。「アルファベットが書けないのなら、今から書けるようになればいい。ABC の書き方から練習するよ！」そう言って始めた英語の授業で、生徒たちは笑顔ではしゃいでいた。「こんなこともわからないなんて、それでも高校生？」そう言われ続けてきた彼らにとって、また一から頑張れる場所になっていた。

彼らと接するうちに、意外なことに気づいた。彼らは教師の本気度を敏感に感じ取っていた。「どうせわからないから、このくらいでいい」とこちらが無意識にも思って授業をすれば、彼らも決してわかろうとはしない。「せめてこれだけでもわからせたい」と必死になって取り組めば、その気持ちは伝わっていた。「先生は一生懸命に教えてくれている」このことが、何よりの信頼関係を築くきっかけになっていた。授業を通して、人と人との心のつながりができ、信頼関係が生まれる。このことが、何物にも代えがたい大きな喜びとなり、私の教員人生の原点となった。

私は子育てに専念するために、６年間ほど仕事を辞めていた。新しい学校で仕事を再開したとき、学校現場の状況は大きく変わっていた。そこにはツッパリ君の姿はなく、世の中では、生徒の暴力の代わりに、教師の暴力や暴言が取りざたされていた。18年目を迎える現在の学校で、私は新たにかけがえのない経験を積むことができた。

中学・高校の担任を13年間、学年主任を３年間、コース主任を２年間経験していく中で、様々な生徒と関わり、多くの問題に直面してきた。誠心誠意向き合っているつもりでも、上手く伝わらず、悔しい思いをすることもあった。保護者の意見に深く傷つくこともあった。経験不足のせいか、どんなに尽くしても報われないと感じることもあった。そんなときは、必ず初心に返る。「すぐには伝わらなくても、諦めずに心を込めていれば、いつか必ず伝わる」。今でも変わらぬ私の思いだ。

特進クラス１年生の担任をしたとき、一人の生徒が屈託のない笑顔で質問してきた。「先生！　he am と he is どっち？」思わずツッパリ君たちの顔が目に浮かんだ。そして、こう言った。「中学１年からやり直そう！」。翌日の昼休みから毎日、中学１年の英語の勉強が始まった。彼は、成績が上がるたびに、人が変わったように言葉遣いが変わり、服装が変わっていった。そして、旧帝大と言われる難関大学に見事合格することができた。

何事にも大切なのは基礎基本である。どんなに豪華な装飾を施しても、土台がしっかりとしていない建物はもろい。また、生徒と関わるときに大切なのは、「何をするのか」ではなく「なぜそれをするのか」だ。できないものができるようにならなければ意味がない。真剣に何かを、誰かを変えようと思えば、形式だけの指導にはならないはずだ。

毎日の授業や生徒指導、雑務に追われて、正直、自分がどこに向かっていいのかわからなくなるときがある。それでも私は「人を育てる」というとても大切な仕事に関わっていることに誇りと責任を持ち、これからも生徒たちと共に歩んでいきたい。教員１年目に出会った「ツッパリ君」たちが、今でも私の思いを支えてくれていることに感謝しながら。

人と人とのつながりを大切に

徳島県立海部高等学校校長　**藤川卓司**

私が教員生活をスタートしたのは、大阪の府立高校であった。生徒は人なつっこく活気があり、特に学校行事や部活動など特別活動に重きを置き、そこで生徒の人間性を育てる高校であった。職員の関係は極めて良く、共に学び合う姿勢もあり、また泊まりがけでよく遊びにも行った。そこで学んだことは、生徒と粘り強く、とことん向かい合う姿勢であった。生徒会の担当を任され、毎朝生徒と一緒に校門前で挨拶運動をしたり、文化祭前には学校に泊まり込み、生徒と文化祭のマスコットとなる巨大オブジェを作成したりした。大阪の初任校での経験はその後の教員生活の指標となった。

その後、故郷に住む生徒たちを育てたいという気持ちが強くなり、教員採用試験を徳島県で受け直し、地元の高校の教壇に立つことができた。

徳島での最初の勤務地は県西部の商業高校であった。ほとんどの生徒が就職するため、身だしなみを含めた生徒指導に重点を置く学校で、徹底した生活指導を学ぶことができた。

次に赴任した農業高校の分校は、山間部に位置し生徒数も少なく、全教員で全生徒を指導するアットホームな雰囲気の学校であった。生徒一人ひとりにきめ細やかな指導を行う学校で、ここでは教育の原点を見たように感じた。

次に赴任した県南の進学を中心とする普通科高校では、生徒の進学希望をかなえるべく、進路指導を学んだ。ここでも生徒会の担当となり、文化祭前には生徒と合宿するなど、大阪での経験が生きることとなった。

またこの学校では、文部科学省の研究開発学校の指定を受け、「総合的な学習の時間」の先行実施を行うこととなり、平成13年から研究主任を務めた。「環境」をテーマに１年生で教科横断型の学習、２年生でグループでテーマを設定して探求活動をし、３年生で小論文、ディベートを実施するという進学校型の総学の形を作り上げた。前例がないことを実行するのは予想以上に困難であり、また職場での共通理解を得るのにも苦労したが、意欲的に取り組む生徒たちに励まされやり遂げることができた。

全国各地から視察に先生方が来てくださり、また私自身も東京での全国指導主事会や、鳥取や高知など各県教委にお招きいただき、研究成果を発表する機会をいただいた。３年生の担任もしていたため多忙を極める毎日であったが、ここでの経験がその後の私の教員生活を大きく変えることになった。

その後県教委へ異動し、３つの課で11年間連続で教育行政に携わった。文化財課（県文化振興財団派遣）では、文化事業を通じて県内外の文化人との人間関係も築くことができ、自分にとっての大きな財産となった。

学校政策課では、１年目にキャリア教育・産業教育の担当となり、教育行政のしくみを学ぶことができた。２、３年目には、近畿高等学校総合文化祭の担当となり、文化振興財団時代に培った人間関係と、生徒の皆さんの頑張りで成功裏に終えることができた。

生涯学習課では、知事部局と協働で運営する県民の生涯学習の拠点となる県立総合大学校の担当となった。ここでは、県民の皆様を対象に講座や講演会を実施する機会が多くあったが、県文化振興財団時代の人脈を生かせることが多かった。出会いを大切にすることの重要性をひしひしと感じた。

その後教頭として、定時制高校夜間部に２年、芸術科のある高校で１年勤め、その後再び県教委教育文化課で、近畿高等学校総合文化祭を担当した。10年に一度のイベントを２回も担当するとは思ってもみなかったが、前回の経験を生かし、スタッフにも恵まれ、成功裏に終えることができた。

現在、海部高校の校長として勤務しており、地域とともにある学校を目指し取組を進めているが、つくづく人と人とのつながりの重要性を感じながら勤務している。生徒ととことんつきあい、信頼関係を結んだり、地域や保護者の皆様との人間関係が構築できたりしていれば、トラブルを最小限で食い止め、目の前の生徒への教育や学校運営に全力投球することができる。これまでの教員生活で経験から学んだことである。

私の夢は、教え子一人ひとりが生涯にわたって幸せに生き抜くこと、またその教え子が他の人を幸せにできる人間に成長してくれることである。残り少ない教員生活も、謙虚な姿勢と、感謝の気持ちを忘れず、情熱を持って全力で頑張りたい。

教員人生の核となったKのこと

福井県立清水特別支援学校教頭　**木村花栄**

「先生、学校やめるのって、どうしたらいいんや？」。Kが私のところにやってきてそんな質問をしたのは、彼が入学して１週間もたたない頃のことである。いわゆる短ラン（豪華刺繍付き）、ダボダボのズボンを着こなす彼のことをかなり自由に高校生活を謳歌していると思っていた私は、その質問をずいぶん意外なことに感じたのを覚えている。

Kは高校に入学してくる前から有名な生徒だった。バイクを乗り回す有職少年たちと付き合いがある、気に入らないことがあると暴れる、暴れ出すと止められない。当時勤めていたのはいわゆる地元校と呼ばれる高校で、同じ名前を持つ中学校からそんな噂が伝わってきて、合否判定会議の時にも特別に話題として取り上げられたほどである。そんな生徒が入学しては困るという雰囲気も、生徒指導部主任からの、入試当日彼が爽やかに挨拶をして帰って行った、という報告で一気に崩れ、賛成多数（ちなみに私は手を挙げなかった）を得て入学してきたという生徒である。新学期の蓋を開けてみればその彼は私のクラスにおり、冒頭の場面を迎えたというわけである。

大学を卒業して５年目、まだまだ未熟な私には、これといった理由も思いつかず、何を考えるでもなく尋ねた。「先生のことが嫌でやめたいんか？」。意外そうな顔つきで首を横に振るのは、今度は彼の番だった。はにかんだようなその顔を見て反射的に私は心を決めたのだ。「この子を好きになろう」。

この子を疎むような気持ちを抱えていたらきっと３年間、保たないと思った。確かにKは自分の気持ちに正直に振る舞うし、それは周りとの軋轢を生む。けれどこんなに寂しそうな顔をして学校をやめる方法を聞きに来るKをなんとかして卒業させたい。そう思ったのだ。

そして、そのあと彼が卒業するまで、私はその言葉（この子を好きになろう）を、折に触れ、まるで呪文のように心の中で唱え続けることになる。彼は本当に有職少年たちと付き合いがあったし、気が短くて暴れた。周りの大人たちがすぐ、そうした交友関係をあげつらうことにも反発を抱いていた。

けれど、学校の校庭に彼らのバイクが入り込み、爆音を立てて走り去るのを止められないことで、自分自身に怒りのようなものを感じていたのも事実だ。冒頭の質問はそのことに嫌気がさしての発言だったということに後々思い至ることになる。

ところで、Ｋを担任した３年間、私は他の先生方から苦情を持ちかけられた覚えがほとんどない。掃除用具入れを蹴飛ばしたとかいう報告を受けることはあっても、暴れるのをなんとかしろ、などと呼び出されることはなかった。周りの先生方は、彼が何かをしでかすその場その場で御自分が注意したり、叱ったりしてくださっていたのだと思う。そうでなければ、私は四六時中、彼に対してしかめっ面を見せ続けることになっていたはずだ。その代わり、彼が掃除は一生懸命取り組むとか、丁寧に板書を写すようになったとか、私の知らないところでの彼の長所や成長はいっぱい伝えてくれた。若い先生への支援の仕方には幾通りもの方法があると思うけれど、生徒の成長やよいところを伝えることは、先生の心の助けになる支援の仕方の一つだと思う。

さて、30年も前の、たったこれだけのことが、後々私の教員人生の核の一つになっているようなのである。身を削るような思いで進学のための教科指導にあたったり、生徒との年齢が離れるにつれ指導力のなさに悩んだり、また思うに任せない行政での仕事も経験した。どうしたらよいのか、途方に暮れるたび、自分の心の中から自分自身へのエールとして浮かんでくるのがＫとの日々であった。

それは、同じやり方が他の処で役に立つというような、表面的で便利な対処法ということではなく、自分にとって踏ん張りどころの重石になってくれるという意味において。私のような平凡な人間にも一つ、このような経験があって、なんとか他の厄介ごとを乗り越えてきた。自分を奮い立たせながら過ごす地味な積み重ねの中にも、語るべきことはあるものだな、と思う。

「種まき・芽生え・成長」で自尊感情を涵養する

山梨県立増穂商業高等学校校長　**古屋はるみ**

「本当に大切なものは、目に見えない」。サン＝テグジュペリ作『星の王子さま』の中の名言である。その大切なものを教育で扱うとすれば、それは何か。平成16年から13年間、定時制高校に勤務したことで、私の教育観は大きく変わった。その経験から取り組んだ内容について述べてみたい。

1　何を目指すのか

教師は無意識のうちに「これは、受験にでるよ」といった“馬に人参をぶら下げる”指導をしがちである。しかし、このような指導は、定時制高校では全く通用しなかった。そんな圧をかけたところで、何の効果もなかった。実際、障害を抱え進学や就職がままならない生徒もいる中で、どんな生徒にもあてはまる大切なものを教育で扱うとしたら何であるかを考えるようになった。定時制高校の生徒の共通の課題は、どの生徒も自尊感情（自分は価値がある大切な存在だと思う）が低いことであった。自分がダメだと思ったり、誰のためにも社会のためにもなっていないと思ったりしているなら、何に対してもやる気は生まれにくい。やはり、「自分にもできる」「自分の良さに気づく」「誰かの何かの役に立っている」という経験を積み重ねることで、自尊感情が高まることこそ、人が主体的に生きる原動力であると気づいた。そこで、大目標を「自尊感情の涵養」とし、その中心の目標を取り巻くように、「基本的生活習慣」「規範意識」「コミュニケーション能力」「シンキング」「チームワーク」「アクション」を高める6つの目標を設定し、すべての学校教育活動でこの目標を実現するための取組プランを立てた。具体的には、次の項目を年次重点項目の中に取り入れ、系統的に養われるよう教育活動を計画実践し、その経験を通して「自分にもできる」「自分の良さに気づく」「誰かの何かの役に立っている」という自尊感情の涵養を図る取組である。

右頁の表が、実践した高等学校の取組プランである。

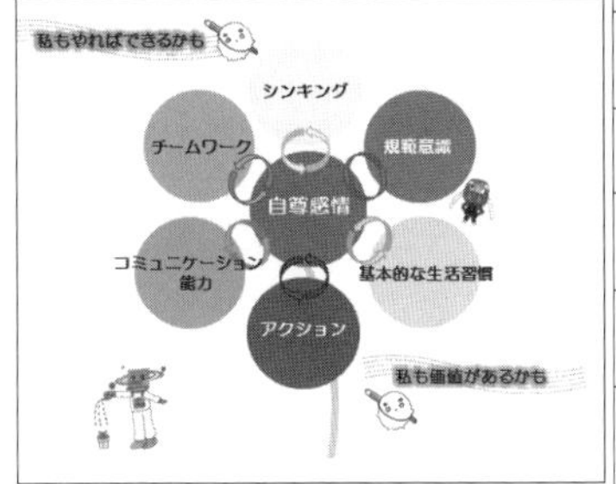

	1年次	2年次	3・4年次
自尊感情	私は案外ダメじゃないかも→存在価値アップ →社会貢献意識アップ 私もやればできるかも→チャレンジ精神アップ →継続力、忍耐力アップ		
基本的生活習慣	あいさつ 時間厳守	整理整頓	身だしなみ
規範意識	マナー：人を傷つけない言葉遣い ルール：学校内ルール		マナー：敬語 ルール：社会ルール
コミュニケーション能力	聴く	話す	伝え合う
チームワーク	集団適応	協同 協働	支援 社会貢献
シンキング	プレシンキング （自分で考える）	計画 創造	課題発見 将来展望
アクション	プレアクション （理解して行動する）	主体性 実行力	進路実現

CHUO ハーモニックプラン概念図より

２　プロセスを重視　～「種まき・芽生え・成長」を意識した教育活動～

生徒の自尊感情の涵養を図るために、教育活動の内容にどのような工夫をするべきか。定時制高校の生徒の多くは、人と関わることが苦手であり活発に行動できることを主眼に置くと、それは不成功という結果になってしまう。実際、全日制高校で学校行事の成果を収めた同僚が、同じように定時制高校で計画運用したところ全くうまく行かず、ショックを受けてしまうケースも多々あった。そこで、活動のプロセスに「種まき・芽生え・成長」という農業的な視点を取り入れることとした。①「種まき」は教師が働きかけをする、②「芽生え」は教師の働きかけに生徒が受動的な活動ができる、③「成長」は生徒が主体的に活動できる、という生徒の発達段階に即した支援を行っていくというものである。そのためには、生徒一人ひとりが持つ発芽条件が揃うように、教師は生徒をコントロールするのではなく支援するというファシリテーターの視点を長期的に持つことが大切になる。

これらの実践を通して、これからますます教師の資質・能力として、ファシリテーション能力を高めることが求められていると感じている。

人間万事塞翁が馬

福島県立福島高等学校教頭　**對馬俊晴**

教壇に立ったのは、バブル経済が崩壊し日本の教育が大きく方向を転換し始める頃だった。学力偏差値重視の昭和晩期スクールウォーズ時代の影響が残る中、初任地の山あいの学校も生徒指導が困難であった。教職という道に戸惑いつつも、昭和を駆け抜けた先輩教師から生徒や生じる事象を多面的に見るなど、教師としての原点を学んだ。そして、福島の恵まれた自然環境を再認識するとともに、我が子を思う親の気持ちを肌で知るスタートであった。

私は、言わば偏差値だけで大学を目指すも望み叶わず失意のまま上京した。それでも大学進学の意味は大きかったが、文京の地では国立大附属校や名門私立校がしのぎを削り、その多くが入学する一流の大学群と全国各地から寄せ来る「知」の集積に面を食らった。さらに、大手町、霞が関、永田町といった企業人、官僚、政治家が集まる世界と志高い面々を目の当たりにし、自らの視野の狭さと無知、浅慮な進路選択に思いを置いた。

複数回卒業生を送り出し、教職が生涯の仕事と確信を得たころ、スーパーサイエンスハイスクール（SSH）を任された。平成は半ばを過ぎ、時代は偏差値教育一辺倒の進学指導から真の脱却、変革を求めていた。全国の優秀な教員との出会いから刺激を受け、それまでの経験を反芻しながら研究開発・実践に邁進した。①地元の干潟を教材に専門家を多数招聘し、地質や生息生物の解説、湾岸の工学的解析、俳句や歴史、五感での理解も含めて総合的に学ぶ体験。②「教科横断プログラム」と銘打ち、一つの事象に対して、国、社、数、理、英、体、家でのリレー式授業を行い、物事を多面的・多角的に理解しようとするプログラム。③「東京研修」は、研修テーマごとに大学、企業、官公庁などを訪問し、一流の場と人との出会いを得る研修。これらのプログラムは、ふるさとの恵まれた自然環境で育つことを誇りにしつつ、早い時期にその道の第一線を知り、「大学受験のためだけの勉強」からの転換を図る「学び」の在り方を問うものであった。生徒や学校の雰囲気は大きく変わり、SSH２期目の指定を目指す。しかしながら、本県初の「持続可能な開発のための教育（ESD）」を中核とした企画は不採択となった。

時に、戦後の平和を享受する私たちに対して、平穏な毎日での教育が決して当たり前ではないことを突きつけられる。突如襲いかかった東日本大震災と「持続可能とされた電力開発」の失敗が引き金となって、彼の日の冷たい雨とともに様々な困難が降り注いできた。緩やかに進行していた少子高齢化は県外避難で加速し、徐々に迫りくる化石エネルギー枯渇への対応は喫緊の課題へ、TV 報道レベルの深刻な社会の分断と対立が日常のものになるなど、正に福島は社会課題が先鋭化される場所へと変貌してしまった。そして、かけがえのない我が子を「Fukushima の学校」に通わせざるを得なくなった家庭や地域の悲嘆と落胆の様は喩えようがない。日本が臍を噛むといった状況の下、暗中模索の「復興教育」は、凍結された ESD が進むべき道を照らすものとなった。福島が背負った困難から課題を見出し、持続可能な社会づくりのために思考を巡らす生徒の姿に励まされ、喪失感に苛まれる保護者や地域が徐々に生気を取り戻していくことになる。その後、福島復興を期して創設された新設校へ異動するが、この経験はスーパーグローバルハイスクール（SGH）での「探究活動」を柱とした教育課程へと昇華する。世界に溢れる複雑な課題は、福島が抱える解決困難な課題の類似形であり相似形であると捉え、それら地元の課題を解決しようとする過程を通じて「深い学び」を経験し、将来遭遇する困難を乗り越えていける人材の育成を目指した。

近年、世界は様々な分野で通信速度を上げながら変化のスピードを速めており、科学技術の発展の加速度もますます大きくなっている。また、私たちは国境の概念を超える AI・ビッグデータの新支配構造に組み込まれコントロールされている。そして、世界が解決すべき17の課題が眼前に突きつけられ教育改革は立ち止まることが許されない。この激変する中での教育は、時事の様々な事象を多面的・多角的に見ながら横断的・総合的に捉え教材化したり、その授業によって「何ができるようになるか」を問い授業法を改善したりするなど、終わりの無い変化を教員に求めている。教員人生、本意でない条件や環境に遭遇する。しかし、失敗や不本意な経験は教師という職業にとって成長の糧であり、予測不可能な時代、困難を打開する最善の教育と最適解を得るための「事の始まり」に違いない。「人間万事塞翁が馬」が如く。

お互いの意見を尊重し、決めたら実行

佐賀県立武雄青陵中学校教頭　**岡本　隆**

令和元年度で教職生活30年目の節目を迎え、今回このような機会をいただき、大変うれしく思っております。今後の教育界を担っていかれる皆様の参考になればと、恥ずかしながら私の体験を話させていただきます。

私が初めて学年主任を任されたのは35歳のときでした。今思えば、当時の校長は学校を活性化させるために大きな賭けに出たのかもしれません。

当時の担任団は、進学校で初めて担任をするのが５名で、不安をお互いが感じることもありましたが、私としては「真っ白のほうがやりやすい」というプラス思考で考えることにしていました。この学年で取り組んだこととして印象に残っていることは、３年次の教育課程とクラス編成の変更です。当時は２年次に文系４クラス、理系３クラスに分かれ、３年次には文系がさらに国立文系２クラス、私立文系２クラスに分かれるようになっていました。文系については、「可能性があるのに私立文系のクラスがあるから……」という気持ちは持っていました。私は、３年次の担任団の陣容をシミュレーションしながら、私立文系クラスをなくし、全員で５（６）教科７科目を頑張っていこう、という雰囲気をつくることにしました。おかげさまで、国公立大学の合格者数は過去最多となりました。

学年主任２巡目では、クラス減という大きな変化が起こりました。１学年６クラスとなった最初の学年で、どの教室を空き教室にするのかなど、その都度考えて結論を出さなければいけないことがたくさんありました。中でも、体育祭の学友団編成については、かなり悩んだことを覚えています。学友団は６つに分かれていましたが、クラス減の完成年度を機に、４つの学友団に再編することになりました。応援の形態など今までの伝統はすべて白紙となり、ゼロからのスタートとなりました。しかし生徒たちは短い期間で創意工夫をし、互いに協力をしながら、体育祭を成功に導いてくれました。このときほど高校生の若いエネルギーとバイタリティーを感じたことはありません。

学年主任３巡目は、次の赴任校で転勤２年目から、中高一貫校の１期生の学年でした。生徒・保護者の考えを尊重しながら、適切なアドバイスを与えるというスタイルが自分の中で確立できたのはこの頃です。このとき行ったこととしては、２年次からあった俗に言う「グレードクラス」をなくしたことです。高校入学時の学力は高いけれども、「グレードクラス」からはずれた生徒はやる気をなくし、どんどん勉強することが嫌になっていく。教員も、「グレードクラスの生徒は頭がよく、それ以外のクラスはどうしようもない」というような先入観で指導をしているところがありました。中高一貫教育の導入を契機に、生徒みんなが頑張ることができる環境づくりを考えた結果、在籍者における国公立大学の合格率は過去最高（当時）となりました。

学年主任として学年を運営していく中で、気づいたことがいくつかありました。一つめは、『担任会は、必ず「提案型」の会議にする』ということです。自分が考えていることを明確に各担任に伝え、同意を得られるように努力することで、担任団の結束を固めたいという強い意思がありました。二つめは、『助け合いの精神を持って取り組む』ということです。それぞれの担任には、得意な指導もあれば、苦手でどちらかと言えばやりたくないと思う指導もあるはずです。担任に完璧を求めるのではなく、自分の得意な分野でリーダーシップを発揮できるようにすることで、担任の負担を減らすことができると同時に、学年全体で担任業務を統一化することができました。三つめは『人との縁を大切にする』ということです。学年主任を務めた９年間で、９年間とも担任を務めていただいた先輩の女性の先生と後輩の男性の先生（２年間は副担任で副主任）がいらっしゃいました。この２人の先生の存在なしには、私の９年間は考えられなかったと感謝しております。先輩の女性の先生からいただいた言葉で、「先生がおっしゃるんだったらやりましょう」「先生に恥をかかせることはできないですから」という二つの言葉がとても印象に残っています。改めて考えると、学年主任と担任の橋渡し役として、ご苦労をかけたんだなあと思います。

昨今の学校現場では、「チーム学校」という言葉がよく使われるようになりました。お互いの意見を尊重しながら、みんなで決めたことは実行していくことが、よりよい学校づくりに最も必要なことではないでしょうか。

建学の精神を具現化する取り組み

沖縄県・昭和薬科大学附属高等学校・中学校教務主任　**阿波根喜博**

教員として現在の勤務校に採用され約20年を経て、教務主任になって5年が過ぎようとしている。校長の学校経営の方針の下、日々の教学部門を運営している中で、常に忘れずに考えていることがある。それは採用試験の時に問われた「あなたが本校に採用された時、本校の『建学の精神』をどのように教育実践に具現化するか」ということである。私立学校が公立学校と異なる点の一つは、私立学校設立の背景に、創設者の理念を表した『建学の精神』があることだと考える。私学においては設立時から貫く建学の精神や教育理念をベースにして、育てる生徒像・人物像が形づくられるものであると考える。本校は学校法人昭和薬科大学の荻原光太郎第七代理事長が「太平洋戦争で多大な犠牲を受けた沖縄県の復興と発展に、教育を通した人材育成で貢献したい」との主旨で設立した全国で唯一の附属高校・中学校である。それを受けて、本校では「社会と郷土の発展に貢献する有為な人材の育成」を建学の精神に掲げて、特色あるカリキュラムを編成し、これまで進学実績を上げてきた。本校の教員として採用された当初は、「進学実績を上げること(＝大学合格者数の増加)」が本校の最大の教育目標であると考え、授業内容も大学受験を意識したものとなっていた。また、課外講座の他、長期休業中の講座も積極的に開設し、生徒の学力伸長に努めていったし、それが当然であると考えていた。

ある年の学年度末に合格実績の掲示板を眺めている横に教頭が寄ってきて、「今年も多くの生徒が目標の大学に合格した。でも、その中にあって成績が思うように伸びず苦しんでいる生徒もいるんだよな」と問わず語りに話し始めた。当時は、その意味することが理解できず、何となく頭の片隅に残る程度の言葉であった。その教頭は後に本校の校長に就任し、その下で私は教務主任を任されることになった。これまで自分の担当する授業や講座に専念しさえすればよかった立場から、教育課程の編成や年間行事計画の策定など、学校全体を意識する業務が増えていった。本校では伝統的に管理職が、教務主任に対し比較的自由に裁量を任せ、教員として成長を促していこうという風潮がある。そのため教務全般の役割だけでなく、生徒指導関連の講演会の企画や、職員研修の実施・運営等の年間行事計画においては、一定の責任と権限をもって取り組ませていただいている。それらの経験を積み重ねることで私自身の教務主任像は、より明確なものに変わり、具体的に何をどのようにしたらよいのかが意識できた。同時に責任とやり甲斐も感じるようになっていった。そのことで以前よりも自信とスピード感を持ち職務に取り組むことができるようになったと考えている。

そのうち、PTA を中心とする保護者や学校以外の方々と関わり合いを持つ中で、本校に対する社会的評価が必ずしも高いものではないことを耳にする機会があった。それは社会を取り巻く環境が急激に変化し、グローバル化に伴い社会で求められる人材像も変わり、中等教育時代に身につけるべき力も変わっているにもかかわらず旧来型の知識注入中心の教育を続けている本校に対する厳しい指摘であった。生徒にとって長い人生の一通過点でしかない大学入試がゴールであった本校の教育課程を見直し、再構築に取り組んでいる。その改革の目指す新たな本校の教育目標の根底には、「建学の精神」を敷衍した、校歌の歌詞の一節にある「済世の学」を置き、すべての教育実践がそこに帰着するように取り組んでいる。例えば、宿泊研修や修学旅行などに人間力を身につけるプログラムを取り入れたり、これまで漫然と実施されていた各種講演会を、生徒のキャリア形成や人格形成に特化した内容へ変更したりもした。また、沖縄の抱える諸課題を解決するために、郷土の伝統・文化や芸能などを講演会や学校行事に取り入れていった。授業改善では、受験指導中心の授業では蔑ろにされてきた「主体的・対話的で深い学び」への転換を促す教員研修を行ったり、私の担当する社会科の教員を中心に TT で、探求型学習を実践したりしている。

これらの改革にあたり、校長に相談したところプロジェクトリーダーを任された。管理職に対して意見具申を行うことができるなど、管理職の補佐をすることで、さらにやり甲斐も感じた。このようなことから、校長の意識や明確なビジョンとリーダーシップをもとに改革を進めていくことが重要であると感じた。

進路指導や行事指導の明確な目標意識と生徒の成長

秋田県立秋田高等学校２学年主任　**土門高士**

「生徒が成長し笑顔になるなら大変でもそれはやるべきだ」。教師として考えてきたことはこれぐらいしかないように思う。言い換えれば「生徒の成長と笑顔」以外に教育の目的はないと思っているのかもしれない。

教員として様々な役割を経験するにつれ、生徒は地域・日本の宝であり、各家庭の宝であることをつくづくと考える。様々な学校に在籍したが、各校には、地域活性化を担う人材の育成、県や日本を牽引するリーダーの育成など、学校ごとの使命がある。現任校は県内の進学トップ校なので、知識面の圧倒的基礎力を基盤としながら、クリエイティビティー、ホスピタリティー、リーダーシップ、そして世界に貢献する使命観を備えた生徒に成長させることを意識し、校長の指導の下、分掌・学年主任として同僚と力を合わせている。

分掌・学年主任として具体的に意識していることは、「理念・目的の再確認」である。例えば「文武両道」のような範疇の大きな理念は、伝統校であるほど職員間で様々な解釈を生んでいたり、極端な場合はただのかけ声に堕すことすらある。だからこそ「本校の目指す文武両道とは、毎日文武両道だ」などと少し具体化した職員の目線合わせが必要だと思う。また、様々な行事・事業は、当初は確たる理念に基づいて実施されるが、次第に根幹が忘れられ、実施が目的のように形骸化することもある。だからこそ目標や理念を不断に再確認することも主任の役割だと思っている。形骸化した事業は、目的が不明確な分、生徒がいかに成長したかを測ることができない。成果がコンスタントに感じられない行事や事業は、教員の多忙感をも醸成してしまう。昨今カリキュラムマネジメントが声高に叫ばれるのは、裏を返せば校内での目線合わせがうまくいっていない証左のようにも感じる。大事なことは、「この取り組みの目的は何で、その通り（またはそれ以上に）生徒は成長しているか？」と、全教員が一緒に本気で考え、「イエス」を増やすことだと思う。

目標や理念を意識して今までやってきたことを紹介させていただきたい。

進学に携わる経験が多かったこともあり、自分は「生徒が本気で目指す進路を達成するレベルと方法を教員が十全に理解し、そこまで生徒を成長させる」ことを常に目標としてきた。当たり前だが、生徒の東大合格を目指す学校ならば、教員が東大の問題を説明できるのは当然で、その上で生徒ができるよう成長させて初めて意味がある。また、推薦で生徒を合格させたい学校ならば、合格するレベルまで生徒を成長させる指導をしなければ意味がない。講習会や面接指導を「実施するだけ」では意味がない。ゴールを見据えて教員は学び続けねばならないと思う。努力が必要だが、教科指導として予備校に負けない徹底した問題研究と、県内他校や他県の進路指導を学ぶことの２点は、特に自分にこれまで大きな示唆を与えてくれた。生徒に学べと言いつつ、生徒に負けないだけ勉強をする。おそらく教師に畏敬の念のないところに教育効果は生まれないし、生徒の成長もないのではないだろうか。

生徒の成長にとって学校行事の存在も大きい。近年担任として在籍した学校の文化祭クラス企画は毎年ほぼ全校優勝を果たし、その年のすべての行事優勝も何度か達成した。生徒には、目標を優勝のみに設定しこだわること、優勝から行動をすべて逆算すること、クラス全員でのイメージの共有などを意識させた。自主性などの批判も承知で、担任として全力で協力した。楽しみ方を背中で見せる方が今の生徒には合うように思う。生徒が行事に全力で取り組む効果は、「楽（らく）＝楽しいではない」「良いものを成すには時間と労力がかかる」「力を合わせると凄いことができる」という認識や「頑張れば勝てる」という自信を獲得するなど、生徒の今後に大きく資するものと思う。副次的に得られる、生徒や保護者からの「担任は一緒に闘って勝たせてくれる」「子どもを生き生き育ててくれる」といった信頼は、後の指導を後押ししてくれる。担任として「楽しい行事に生徒を乗せられないで、どうして大変な受験に乗せられようか」と考え、毎年生徒と共に自分に挑戦した。行事の単なるルーティーン化は、生徒の成長のチャンス喪失を意味するように思う。

「目標－現状＝課題」。いつも生徒に話し自分も意識していることである。教育活動の目標を明確にすれば、すべきことが自明になり、生徒の成長も測れる。教員は本気であればあるほど大変なことは確かだが、生徒の成長と笑顔を実感できるなら、これからも頑張り続ける価値は大きいと考えている。

進路指導において大切にしたいこと

石川県立小松高等学校副校長　**森　博之**

教員に採用され長く進路指導に携わってきました。その経験の中で、平成17年に企画した「東京大学入試説明会」のこと、進路指導において担任として大切にしてきたことについて書きたいと思います。

1　「東京大学入試説明会」

石川は土地柄なのか本人および保護者とも関東より関西にある大学への進学希望が強く、「関西は近くて車で行きやすい」、「京都の町並みは金沢に似ている」あるいは「東京は遠くて怖い」といった声が多く聞かれました。確かに北陸新幹線開業前であったため、京都まで約２時間に対し東京までは約４時間かかり、物理的にも心理的にも関東は遠い存在でした。

私は進路指導課に所属し、２年進路担当として学年主任とともに学年会で担任の先生方にお願いをしました。それは東大、京大両方の内容と魅力を面談の際に語り、その上で強制するのではなく、高い目標を目指して頑張ってみないかの声かけをすることです。効果的な面談をするために、先生方は卒業生に話を聞いたり、説明会に積極的に参加したりし、そこで得た知識や情報は学年会で共有するよう努めました。面談を重ねるうちに、生徒は今まで遠い存在だと感じていた東大も少し身近に感じられるようになりました。

３年の県高校総体総文後に「東京大学入試説明会」を実施したいと思っていた私は、２年の３学期頃から準備を始めました。各教科の先生と話し合い問題の傾向と対策、添削の形態、実践やオープンといった模擬試験のスケジュールや取り組み方を作成し、計画を具体化していきました。

６月実施の説明会の参加者を５月中旬より募り、いったい何人集まるのか不安もありましたが、30人を超える生徒が集まり、生徒自身も自分一人が目指しているのではなく、同じ目標に向かって頑張っている仲間がたくさんいることに励まされたようでした。上位の生徒が東大を志望することは、難関大学を目指す生徒が全体として増加することにつながり、学校全体としての目標が上に移行することになりました。その後、計画に従って添削や模試指導が始まり、初の試みが動き出しました。新しい情報や変化等があれば学年会で担任と共有しながら生徒のサポートを続けていき、途中で志望変更をした生徒も出ましたが、16人の生徒が合格することができました。

このような説明会を実施することは、同じ目標をもった生徒の士気が上がり指導しやすいといった長所がある反面、とりあえず目指すことで安心し努力がおろそかになったり、志望を変えにくくなったりといった短所もあります。また、新しい企画を成功させるためには、多くの先生方の理解や協力が必要となります。日頃から先生方とコミュニケーションをとり、進路指導や教科指導について意見を交換しておくことをお勧めします。その先生と盛り上がるような話題を意識的に見つけ、普段から何気なく会話を楽しむ機会や雰囲気を作ることができればより良いと思います。

２　担任として大切にしてきたこと

一つめは、最後の決定は生徒自身がするということです。進路を話し合う面談では、本人の適性を見極め、いろいろな大学や職業の紹介、時には生徒の想定していない選択肢を意図的に提示したり勧めたりすることはとても大切です。その上で、保護者や担任と話し合ったことをよく考え、最後は生徒が自分で決めることが重要です。自分で決めることによって、覚悟が決まりすっきりした気持ちで勉強や受験に取り組むことができるのです。

二つめは、データだけに頼らない自分の進路感覚を身につけることです。進路指導では、志望校に届くのか、それが難しい場合はどのレベルまでなら到達できるのかを判断し、生徒に伝えなければいけません。そのために模擬試験等のデータは大切ですが、それ以上に大切なのは生徒の性格や勉強の仕方、取り組む姿勢、これまでの伸び方などを総合して、判断することです。この判断力のために一番大切なことは、日々どのような場面においても意識を高くもって生徒に接すること、つまり授業やLHでの様子、部活動や学校行事での行動、面談での表情などを通して、生徒を見る力を高めていくことです。短期間で身につけることは難しいですが、意識的に取り組むことによって、少しずつ向上していくことができると思います。

私の経験が読んでいただいた方の教育活動の参考になれば幸いです。

現場に神宿る

福井県立若狭高等学校校長　**中森一郎**

1　異質のものに対する理解と寛容の精神を養い、教養豊かな社会人の育成を目指す

今年度（2019年）から母校の校長を務めている。見出しは生徒、教員、OBの誰もが愛し誇りに思う母校の教育目標である。この1年間、ホームページで校長としての考えや思いを紹介してきた（約40本）。閲覧者は1日約300名、生徒や保護者、OB、教員などが目を通してくれている。

2　授業の完全理解

クラス担任をしていた時、面談で運動部所属の生徒から、「部活動で疲れ家庭学習がほとんどできないため毎時間の授業を何より大切にし『授業の完全理解』を心がけている」という話を聞いた。この言葉は、私の教師として授業に臨む姿勢を厳しく問うものであった。それ以来、自分の授業を一から見直し、1分1秒も無駄にしないという思いで授業に臨んできた。

3　根本に立ち返って考える

昨年度までの3年間、県教育庁高校教育課で勤務した。2年間は参事として県内高校の教科指導・進路指導・生徒指導等を所管し、昨年は学力向上担当課長として各校の授業改善を進め、生徒の学力向上と希望進路の実現を図った。3年間の行政経験を通して、「根本に立ち返って考える」ことの重要性を学んだ。様々な教育政策を立案し実施していくにあたっては、そもそも何のためにその政策を実施するのかという視点が大切である。

校長として、様々な事案に対応する際にも「根本に立ち返って考える」ことにより、見通しを持った適切な判断ができる。

また、物事を簡潔にわかりやすく他者に伝えることの大切さについても学んだ。校長は人前で話をしたり文章を書いたりする機会が多い。聞き手や読み手にわかりやすく思いを伝えることが大切である。

4　コーチング

若狭高校定時制教頭を務めた際に、鈴木建生先生（現ユマニテク短期大学

学長）をお招きして教員対象に「コーチング研修」を実施し、生徒への接し方や指導法を学んだ。また、鈴木先生が三重県立朝明高校で実践されていた学校設定科目「トータル・ライフ」（ソーシャルスキルの育成等を目指す）を参考にして１年かけて教材を開発し、若狭高校でも「トータル・ライフ」を開講した。「コーチング」は管理職にとっても必須のスキルである。

5　自尊感情を高める指導

若狭東高校で進路主任等を務めた際には、自分に自信を持てない生徒たちの自尊感情を高めるために、国語の授業や進路指導において徹底して自分の考えを書かせ、それを元に発表や意見交換を行い、互いに認め合い高め合う集団の育成に努めた。そうした取組により、教員の意識も変わり、生徒の可能性を信じ、引き出すことができる学校作りを進めることができた。

また、６年間にわたり、毎年夏休みに嶺南地域（福井県は嶺北と嶺南に分かれる）各校の３年生約150名を若狭東高校に集め、各校の若手教員が講師を務める小論文講座を実施した。指導法は共有して各校での指導に生かした。

6　現場に神宿る

教師としての私を支える言葉である。新採用として美方高校に赴任した時に自分にできる３つのこと、教科（国語）・担任・部活動（テニス）に全力を尽くそうと決意して以来、一貫してこの３つを大切にしてきた。

国語については、平成23年度に県教委から「授業名人」に任命され、一般県民対象に「百人一首」講座なども実施した。担任は20年間務め、卒業生を８回送り出した。テニスは27年間、毎朝生徒とボールを打ち続けた。

校長としても、現場を大切にして、常に生徒や教職員と共にあることを心がけている。

自己肯定感の育成は子どもの成長の源

長野県田川高等学校教頭　**清水　筧**

PISAなどの国際調査において、日本の児童生徒は諸外国に比べ自己肯定感が低いと指摘されている。自己肯定感は、児童生徒の成長の源になるものであり、教員は、この育成に力を尽くさなければならない。

今回、「自己肯定感の向上」への取組の一つのヒントになればと思い、クラス経営、部活動指導で心がけた意欲を高める取組の実践例を紹介する。

1　人を前向きにできる言葉『心の貯金』

自分に課せられたことに対して「やだ」「やりたくない」と否定的な言葉を発する生徒は多い。多くの人は、「やだ」「めんどくさい」と思うこと自体を否定的に捉えがちであるが、この気持ちを肯定的に変換するために生まれた言葉が『心の貯金』、つまり『否定的な言葉や思い＝チャンス』とする言葉である。「やだ」「やりたくない」と思うことを肯定しつつ、自身の中で抱いた思いを自覚し、それに打ち克つ行動をとることで培われる忍耐力、行動力、勇気、希望が『心の貯金』となる。この蓄積量が、今後訪れるチャンスを自分のものにできるかどうかの差となると伝え、生徒の否定的な言動に対して「チャンスが来ているね」「心の貯金ができるね」と声かけを重ね、生徒が前向きに取り組む姿勢を支援し続けた。その中で生徒自身も自己否定が減少し、自己肯定感が向上していった。

担任との関係性だけでなく、仲間同士の認め合いも大切である。共通の目標となった『心の貯金』という言葉は、学習や生徒会活動、部活動等において苦境に立たされる時など、仲間から声をかけられることで、努力を称賛する意味も込められ、自己肯定感だけでなく、自己有用感も向上した。

2　場に応じた目標設定『アベレージの法則』

自己肯定感を育む上で、自らの目標をどのように設定するかは重要な要素となる。教員になってから弓道部の顧問として指導にあたった際、上位大会に出場するためには何本以上の的中が必要という目標値を決めて稽古に取り組ませてきた。しかし、目標に届かない場合、生徒のミスや弱点を指摘する言葉ばかりで、結果、大事な時ほど萎縮して一向に成果が出なかった。そこで「目標値」を「平均値」に替える『アベレージの法則』での指導に切り換え、目標設定を過去数回の的中数の平均値とした。これにより、初心者から有段者まで、各々の実力に応じた実現可能な目標設定となると同時に、目標に届かなかった場合でも自己分析が容易になった。的を外した場合でも顧問から「回数を重ねれば今以上の結果が出る」と肯定的な声かけが増え、結果として生徒は委縮せず主体的に取り組む姿勢が育まれた。

『アベレージの法則』はセンター試験にも応用することができた。思うように得点できない時期は、近々の５回分のテスト得点の平均値を目標とした。これにより平均値に届かない生徒も自己の弱点を客観的に捉え、その対策を見い出すとともに、担任としても「回数を重ねれば必ず目標を越えられる」と励ます声かけをし、点数で一喜一憂する直前の時期の焦りに対応することができた。結果として、センター試験では、クラスのほとんどが平均値としての目標を越え、半数近くの生徒が自己最高点をマークした。

目標値は夢を叶えるために重要な要素であるが、最後まで固執すると現実とのギャップに苦しむ。個々の意欲が低下している時や本番に近い時期に「目標値」から「平均値」に変更することにより、過度な負荷から解放され、結果として本来持っている力以上の力を発揮できることを教えてくれた。

３　生徒と共に育つ『共育』

『心の貯金』や『アベレージの法則』のような生徒自身が取り組める小さな努力の積み重ねは、時間経過とともに大きな成果となって我々の下に戻ってくる。事実、生徒会活動、部活動、課題研究等の活動は、県内に留まらず、全国レベルで活躍できるまでに成長した。これは自己肯定感の向上とともに育まれた主体的活動が実を結んだ結果である。生徒の否定的な言動や、悩み苦しんでいる状況にこそ、教員としての関わり方のヒントが隠されており、「一方的に指導する」ということに対しても再考する必要性を示している。

また、教員が置かれている現場も多くの苦難が存在する。多様化する教育課題についても『心の貯金』『アベレージの法則』を基盤とすることで解決の糸口が見い出せる。加えて、主体的創造的に生きる生徒を育むために、教員自身も克己心に基づく行動を示し、生徒と共に育つことも必要である。

まずは「思うこと」からはじめる

高知県立高知北高等学校定時制昼間部教務主任　**宅間　靖**

1　はじめに

私は今年で地歴科の教諭として30年目を迎えている。地域の拠点校、教育困難校、トップ校、定時制など５校で勤務した。教育論という大それたものはなく、これまで取り組んできた実践をいくつか紹介させていただきたい。

2　自分にないものを補うために梁山泊的な発想で

部活動の顧問はその競技の専門性が大切であるが、実際そうならないことが多い。私も男子ソフトテニス部の顧問となった時、その状況となった。かつその部にはインターハイへ出場する有望選手がいて少し悩ましいところであった。しかし、たまたま以前から生徒と一緒に練習している方が地域におられ技術的な指導をお願いできた。また、OBにも協力をお願いした。さらに、地域の一般大会に参加して、学校のテニスコートへ足を運んでもらうよう声かけを行った。次第に多くの方が参加してくれ活気のある練習場となった。いつしか技術はOB・地域の方から学び、練習計画は生徒が作り、私は時間の管理をするという形ができあがった。このつながりが後にジャパンカップやインターハイ出場へ実を結ぶ。

3　教室を縦横無尽に

教育困難校では、授業を成立させること自体が厳しかった。少しでも生徒の印象に残る授業をという思いで、試行錯誤する日々であった。教室の後ろから授業を始めたり、廊下から授業を行ったり、後ろの黒板に板書したりと教室を360度利用して授業を行った。授業の山場では、急に話をやめ天井を見たり、一人の生徒をじっと見つめたりと間合いを十二分にとって話すようにした。一方で板書やプリントは常に同じスタイルを用いて、生徒のするべきことをわかりやすくした。十分な成果があったとは言いがたいが授業の山場のところでは、また始まったかという生徒の表情が今も印象に残っている。

4　学び方の学びから自律的学習者の育成を目指して

いつも「現役生は12月からぐっと伸びる」。この言葉を生徒にかけながら共に頑張ってきた。しかし努力のわりに成績が伸びない生徒もいた。そこで学習法を再検証し、３年次には生徒が自律的な学習者となる取り組みを行った。多くの生徒に染みついている結果主義・暗記主義・物量主義の学習観を意味理解重視の学習観への変容を促すものである。この取り組みでは前東京大学大学院教授の市川伸一先生にご協力いただき、各学期に講演を行った。１年次では学習法についての知識を吸収し、２年次では学習法を試行し、自分なりの学習法を体得することを目標とした。この活動は生徒の状況を把握できず、的確な指導ができなかったことを大いに反省する機会となった。

５　名門校復活の足がかりに

学校改変後、教育困難校は大きく変貌し、高知県内でも有数の入試倍率を誇る高校となった。それに伴い学校の雰囲気も変わりつつあった。改変３年目に進路指導主事となった私は、前年から大学進学を意識した進路指導体制を引き継ぎ、その流れを加速させた。取り組みの中心を生徒の進路意識の向上に置いた。生徒の意識が変われば、生徒の求めるものが変わる。そうなると教員にも今までとは違う努力が必要となる。

この考えで、生徒の意識を変えるため、校内の掲示物を大学中心に変えたり、進路講演会では３年間を通して宇田津一郎先生に連続性のあるお話をお願いした。また、３年生を対象とするすべての進路の学習会に１･２年生が参加できるようにし、上級生の真剣な姿を見ながら、２年後を意識させる取り組みを行った。さらに、面接や進路検討会などで大学を目指す生徒の総数を増やすことに努めた。生徒と先生方の努力により、２年目から予想以上の結果が出はじめた。

６　おわりに

まずは「思うこと」から始め、その思いに邁進すると、不思議と協力者に出会い道が拓けた。森信三先生の「人間は一生のうちに逢うべき人には必ず逢える。しかも、一瞬早すぎず、一瞬遅すぎない時に」という言葉どおり、私は多くの人に出会いお世話になった。そこから指導を仰ぎ、人的ネットワークが広がり、切磋琢磨しながら私自身の考え方も大きく変わった。今後も研鑽を重ね、行動できる教師を目指し、さらに人間性も高めていきたい。

出会う前に生徒の名前を覚える

長崎県立鳴滝高等学校通信制副校長　**渡崎次郎**

私の名前は「わたりざき　じろう」です。ちなみに長男です。珍しい苗字なので、「わたざき」とか「とざき」とか呼ばれることには慣れています。しかし、高２の担任の先生は、クラスの最初のホームルームが始まる前に、「おい、わたりざき」と声をかけてくださいました。突然のことにびっくりしましたが、嬉しかったです。さらに先生は、生徒の誕生日をお祝いしてくださいました。生徒は17歳になった抱負を述べなければならず、少し恥ずかしかったのですが、嬉しかったです。私は、生徒一人一人のことを大切に見つめてくださるこの先生が大好きでした。

何の力もない私でも、生徒を喜ばせることができる。そういう思いで、「授業開きの前に、生徒の名前を覚える」ということを初任者の頃からずっと実践してきました。最初の授業で生徒の名前をフルネームで呼び、一人一人と握手していくと、いつも「おー！」という声が上がりました。私のやる気が伝わっているようでした。授業する全クラスの生徒の名前を覚えるには、かなりの時間を要しましたが、だからこそ生徒たちも私の努力を認めてくれていたのだと思います。「授業開きの前に、生徒の名前を覚える」ということは、「これから君たち一人一人を大切に見つめていくぞ！」という、私の気持ちを伝えるひとつの方法でした。また、担任のクラスでは誕生日の生徒からリクエスト曲を聞いて、ハーモニカ演奏をしていました。喜んでいる生徒の顔を見ていると、私も嬉しくなりました。私の誕生日は４月ですが、毎年、黒板には、「Happy Birthday 次郎先生」の文字がありました。

平成21年度の中央研修において、早稲田大学の河村茂雄先生の講義がありました。その中に、「教育困難校が立ち直るきっかけになったのが、入学前に生徒の顔と名前を覚えることであった」というお話と、「ある県の２番手進学校が、入学前に生徒の顔と名前を覚えるなど、ホームルーム活動を充実させたところ、成績が急上昇した」という話がありました。私が実践していることは、決して間違っていないという自信にもなりましたし、特に若手の先生方に、「学級経営のあり方について」伝えたいことになりました。

平成23年度から６年間、私は県教育委員会にお世話になりました。その間に長崎大学教育学部の学生の皆さんに、90分間の講義をする機会をいただきました。受講者120名と聞き、思い切って全員の名前をフルネームで覚えることにしました。長崎大学の先生に趣旨を説明し、読み仮名付きの受講者名簿をいただきました。名簿を50音順に並び替え、40名ずつの３クラスに分けて、座席表と単語カードを作成しました。教育学部に所属していても、教職に就かない人もいます。もしかしたら、教職に就くかどうか迷っている人もいるかも知れません。「私の講義次第では、教職を選ばない人が出てくるかも知れない。責任重大だ」という思いで次のような講義をしました。

1　自己紹介（長男だけど次郎です）
2　出席確認（心を込めて名前を呼ぶ）
3　教職員の心構え（教職の魅力と責任の重大性を伝える）
4　物理演示実験（身近な物を用いて、生徒の興味関心を高める）
・仮面ライダーギルスのおもちゃを用いた電磁波の実験
・ペットボトルを用いた大気圧の実験
5　ハーモニカ演奏（誕生日の人がいるだろうという想定で１曲演奏）
6　パワーレンジャー（頑張っている学生の皆さんにパワーを送る）

〈学生の皆さんの感想文から〉
・名前を呼ばれることが、こんなに嬉しいと思いませんでした。
・先生の努力が、熱い思いと一緒に、勢いよく伝わってきました。
・教育実習が終わり、教師になることを迷い始めていた私でしたが、先生のお話を聞いて、やっぱり教師になると決めました。

平成31年度に、私は鳴滝高等学校通信制に赴任しました。様々な事情を抱えた生徒たちは、１週間に１日だけ通学して来ます。５月下旬に一人の男子生徒が職員室にやって来ました。あいにく職員室には私しかいなかったので、「○○君、誰先生に用事？」と尋ねると、その生徒はニッコリ笑って私に近づいてきて、アルバイトや趣味の話をしてくれました。それ以来彼は、職員室に来るたびに、私に近況報告をしてくれます。「出会う前に生徒の名前を覚える」ということを、私はこれからも実践していこうと思います。

生活の中に勝負あり

鹿児島県立錦江湾高等学校保健部主任　**濵田竜一**

私は小学校低学年の頃に剣道を始めた。将来は高校の体育教師になり、剣道部の指導をしたいと志した。しかし、大学卒業時に採用がなく、中学校の採用試験を受験、中学教諭として22年間、４つの中学校に勤務した。その後高校に移り、本校勤務は11年目を迎えている。今充実した教師生活を送られるのは中高の異なる校種で多様な経験をしたことが礎となっている。剣道に関係のない苦労が、むしろ剣道に役立っている。生徒たちにもそういう思いで日々指導している。

１「学ぶことは真似ること」

中学校は、専門以外の競技や教科を指導することが少なくない。私も、初任校では水泳部と剣道部、２校目では女子バレー部と剣道部とかけ持ちで顧問をしたり、職員数が少ないため、陸上・駅伝大会に向けて指導するようなことも多かった。今思えば、指導法のわからない多様な競技指導に四苦八苦しながら、本業の剣道部に集中できずにいたように思う。

しかし、何とか前に進めたのは、自らも指導に関する多くの本を読みあさりもしたが、何より先輩や同僚の助言や協力のおかげだった。例えば水泳教室に生徒を参加させ、指導方法をプールサイドで勉強させてもらった。またバレーボールや陸上も専門の先生をお呼びし、指導法について何でも聞いた。

「学ぶことは真似ること」というが、私は習ったことは学校に持ち帰り、やってみることから始めた。次に自分なりに創意工夫してみる。このことを繰り返した。いわば材料を調理して、不味ければ作り直し、より美味いメニューを作り、レパートリーを増やす、その繰り返しだった。それは剣道に専念する今も、指導のマンネリ化を避ける最善の方法となっている。

２「継続は力なり」

２校目からは全校生徒を対象に（部活動生を中心に）気力・体力づくりを目的に早朝ランニングを実施した。毎朝30分程度、能力別にランニングや簡単なトレーニングを行った。当初は反対もあった。しかし継続する中で、健康・体力面の向上のみならず、生徒の自主性や学校生活への活気が生まれ、周囲の理解も得られるようになった。その後の赴任校でもそれを続けた。毎朝グラウンドに出ることは正直つらいこともあったが、生徒の頑張りと同僚の協力のおかげで18年間継続できたことに感謝している。お陰で県中学駅伝大会で５年連続優勝し、全国大会にも出場することができた。こうしたことの積み重ねで、転勤後も20年以上継続し、文部科学大臣賞をいただいたと聞いた時は嬉しかった。「継続は力なり」という言葉を、大きな達成感をもって知った。

３　「生活の中に勝負あり」

最も大切にしている言葉であり、体育館と武道館に掲げている。毎日の生活を大事にし、小さなことを積み重ねることで、その努力が報われ目標が達成される時が必ず来ると話す。また、その言葉との関わりで、剣道部の部訓は「剣徳一致」。剣道を通して人間力を磨き魅力ある大人になってほしいという思いがある。礼儀作法や思いやり、協調性や責任感、感謝の心など心豊かな人間性を目指し、生活のすべてを大切にして過ごしてほしいと願う。

４　「目標設定・課題の解決」

普通科の高校生活は忙しい。稽古の充実のために、短い練習時間の中で明確な課題を持たせて、「課題解決を目的した練習」を取り入れている。課題は自ら設定させる。また、練習メニューや試合のメンバーやオーダーも生徒に投げかける。何事も「やらされる」のと「自らやる」のでは大きな差がある。自ら求めて取り組むようになれば成長も加速する。そうした上で、全国トップレベルのチームや大学生・一般の方々との試合稽古や稽古をすることで、身をもって高いレベルの技術や精神面の強さなどを感じることができる。修正点は自分で考える。そうすると、その後の練習の質が上がり、より高い目標を持って意欲的に稽古に取り組むことができる。

５　まとめ

平成28年度のインターハイでは女子団体の部で３位に入賞することができた。こうした成果は、生徒の頑張りはもとより、陰日向で協力してくれる保護者のおかげもあり、小中学校からの粘り強い指導をしていただだ多くの指導者のおかげでもある。こうしたことに感謝しつつ、今後も、剣徳一致の思いを新たにして、精進していきたい。

農業教育を通した学びの広がり

鹿児島県立鹿屋農業高等学校教頭　**増永泰久**

私が30年間農業高校の教員を続けてこられたのは、農業高校が加盟する農業クラブの指導に打ち込むことができたからである。

各種競技の一つに農業情報処理競技会があり、生徒を全国大会に計14回出場させた。約100名が出場する全国大会で好成績を収めるために、放課後や週休日に練習を重ねたが、生徒は真剣についてきてくれた。検定とは違い問題数が不足するため、全国大会の引率で知り合った他県の先生方と県大会の過去問題を交換し、練習問題を確保した。実技問題を行わせる際に心がけたのは、事前に問題を解き、素早い計算方法や正解を確認して、指導する準備を欠かさなかったことである。平成19年広島大会で最優秀賞（農林水産大臣賞）を獲得した時は、生徒以上に私が喜んでしまった。時が流れその生徒が教師になり、現在同じ学校で勤務していることは教師冥利に尽きる。

また、平成25年から３年間勤務した学校では、「私が指示したことに対して、今後あなたの返事には、『イエス』か『はい』しかないから、そのつもりで仕事しなさいね」と赴任時に校長から言われた。私は農場長として農業科の取りまとめ役を任されたが、高校時代の恩師である校長に私は『ノー』や『いいえ』が言える立場でなかった。しかし、様々な事業を計画立案した際は否定されることなく後押しされ、校長自ら先頭に立ち私たちと一緒に行動した。職員を鼓舞し、生徒には勇気と元気を与え、新しい試みを次々に成功させた。誰もが尊敬し、認めるリーダーの姿が目の前にあり、教師人生においてもっとも影響を受けた一人である。学校の活性化につながった事例をいくつか紹介する。

一つめは、企画運営委員会の定例化である。毎週木曜日１時限目に開催した。メンバーは、各部主任や学科主任等であり、文字通り学校の中枢を担っている。主立った議題がなくても集まり、意見を交わすことで新しいアイデアが生まれ、職員間の共通理解が得られ行事の遂行もスムーズになった。

二つめは、県外高校との生徒交流会である。交流会の実施に向けて校長の命を受けた私は、京都府の文部科学省 SSH（スーパーサイエンスハイスクール）指定校を訪問し、教頭、農場長、スーパーティーチャーに意義と必要性を訴えた。翌年、交流会が実現し、生徒９名と職員７名、市職員２名で訪問し、両校で取り組んでいる研究内容の発表と意見交換を行った。全国規模の各種大会で優秀な成績を収めている高校との交流会は、生徒・職員にとって大きな刺激となった。

三つめは、県外イベントへの積極的参加である。博多阪急「うまちか甲子園」では、学校加工品と新開発商品を販売し、学校と地域の PR 活動に努めた。来客者が多いデパ地下での販売会は、接客が忙しい分コミュニケーション能力の向上に役立った。生徒と一緒に学校の法被を着用して、笑顔で接客する中心には校長がいた。売上・利益・接客・アイデアを総合的に競う第８回「熱血！高校生販売甲子園」（群馬県高崎市）では、実演による販売や店舗の装飾・POP 広告を創意工夫して取り組み、準優勝を獲得した。同時に、大学・高校・地元商店街が一体となって行う地域活性化の実際を肌で感じることができた。

これらの活動により、教師は自主的に研修会へ参加することで研鑽を高め、生徒の可能性を引き出すことに挑戦するようになった。生徒は「課題研究」において、自発的かつ創造的に学ぶ姿勢を見せるようになり、後に、農業クラブ九州大会プロジェクト発表優秀賞やエコワングランプリ内閣総理大臣賞、地球環境大賞文部科学大臣賞受賞等の成果につながった。これらを実現できたのは、市に高校が１校しかなく、関係機関の協力と支援をいただきながら、地域に根ざした学校づくりを一体となり行えたからである。

現在、教頭４年（１校目３年、２校目１年）が過ぎようとしているが、教頭としては、教師個々の能力と意欲を引き出せていない。生徒が生き生きと学習に励むためには、まず教師が心身ともに健康でなければならないと思う。教師は互いに仲良くして、楽しく仕事をしてほしい。そのためには、管理職が常に余裕を持ち、笑顔で振る舞う環境づくりが必要だ。私に課せられている責任は重い。

ヴァイオリンを活用した授業実践

鹿児島県立鹿児島東高等学校教頭　**幸多　優**

平成21年度の学習指導要領が告示された際にこれまでの授業内容を再検討し、ヴァイオリンを活用した「表現」の学習活動に挑戦した。授業を実施する中で、生徒たちの反応が素晴らしく、まさに学習指導要領の言わんとする、特色ある教育活動を展開し、思考力、判断力、表現力をはぐくむために主体的に学習に取り組む態度を養うことができると考えた。

この実践例を研究会で発表すると県内の音楽教師たちが興味を示してくれ、10年間で年間47校ほどの高校でヴァイオリンの授業を実施するようになった。生徒一人ひとりが主体的に学習に取り組める音楽の授業の題材のひとつとして鹿児島では定着してきているのが嬉しい。

1　ヴァイオリンへの興味

アメリカ・ダウンタウンでのヴァイオリン教師の物語、ウェス・クレイヴン監督の映画「ミュージック・オブ・ハート」との出会いがまさしく授業改革の大ヒントであった。私は大学でサクソフォンを専攻し、フランスの近・現代音楽を学んだ。ヴァイオリンは手にしたこともなければ知識もあまりない。生徒たちと同じ条件のもとでヴァイオリンを授業に取り入れたいと思うようになった。

2　生徒の反応

初めてヴァイオリンを手にした生徒たちは大喜びであった。事前に音楽映画の鑑賞で立ち方や基本的な奏法を学習していたので、「足は90度に」「背筋を伸ばして」「弦と弓は垂直に」など、お互いに注意しあっている姿に私自身、とても驚いた。ここまで楽器に興味を示し、一度見た映画の指導場面をしっかり記憶して再現できるとは……生徒たちの想定外の行動に感動した。

3　生徒の感想

「ヴァイオリンが自分にも弾くことができる楽器だということが分かり、オーケストラに対する自分の中の境界線が消えた。１曲を習得するのに相当な時間がかかったけど、ヴァイオリンは誰でもやってみればできるものだと思った。（中略）演奏は緊張するけど、その緊張を感じながら演奏を上手くやり遂げた時の達成感はとても良いものだった。授業でヴァイオリンを弾くことができてとても良かった」

「本当は終わりたくない気持ちで一杯でした。毎回毎回楽しくて、腕とか顎が疲れることもありましたが、もっと練習したい気持ちで一杯です。皆で合わせて演奏したこと、少し緊張した録音もすごく楽しくて良い思い出です。ヴァイオリンを弾くなんて、とてもラッキーな経験をした気がします。この授業のお陰でTVなどでもヴァイオリンを弾いている人がいると見入ってしまうほど興味を持つことができました。すごく楽しかったです」

「ヴァイオリンは雲の上の存在だと思っていましたが、やっぱりピアノやギターと同じで練習すれば弾けるようになるものだと改めて実感しました。（中略）ヴァイオリンを弾くことにあたって今まで何の興味もなかったクラシック音楽に関心を持つことができました。自分のできることの幅が広がったのでいい経験になったと思います」

「高校の音楽の授業でヴァイオリンの演奏ができたことは、私にとって一生の思い出です。これから先、きっと演奏することはないけれどもこの経験は将来、人に自慢ができることの一つとなりました。これからは何事にも積極的に挑戦することが大切だと感じました」

４　主体的・対話的で深い学びの実現に向けて

最近は教科書にポップス曲等も増え、生徒が興味関心をもって取り組める教材が充実してきている。しかし、生徒が日常生活では体験できないこと、知る機会がないことを授業で体験させたり学んだりすることはこれからも必要だと思う。高等学校の芸術は音楽・書道・美術・工芸の選択である。ほとんどの生徒は興味・関心から選択するが、中には消去法でそれぞれ選択していることも事実である。したがって、音楽活動に対して苦手意識がある部分をどのように解決し、支援してあげられるか。歌唱や器楽の苦手な生徒、創作が手につかない生徒などに興味・感心を持たせ、自主的に取り組む姿勢が生まれるような手立てを常に考えていかなくてはならない。そのためのヒントは映画、ドラマ、雑誌など日常生活から得られることも多いと思う。

学習環境を整えるための実践

山梨県・駿台甲府高等学校主幹教諭　**若林秀則**

私は私立中学校勤務、公立高校勤務を経て、現在は私立中高一貫校で主幹教諭として勤務しています。前任校を合わせると教職について17年目になりました。この間、教員として多くの先輩教員から学びました。私自身まだまだ学んでいかなければならないことがたくさんありますが、私が諸先輩方から学んだように、少しでも若手の先生方の参考になればと思います。

私が勤務した公立高校は県内では進学校という位置づけで、そこで教職について初めてクラス担任を経験しました。学級経営において、まず先輩の先生方から教えていただいたことは、「クラス担任の仕事は生徒の学習環境を整えること」でした。これは教室内を整然とさせるということに留まらず、生徒指導面、進路指導面、保護者対応などを含む多岐にわたるものでした。まだ成長段階にある高校生の学習意欲は様々な面から影響を受けます。生徒個々によって差はありますが、人間関係、部活動との両立、進路選択、保護者との意見の不一致など、生徒は誰でも大なり小なり様々な不安や悩みを抱えています。効果的な学習を行うためには生徒を取り巻く環境を整える（＝不安を軽減する）ことが大切ですが、その役割はクラス担任が担うということです。そして、そのためには生徒が自ら不安な気持ちを伝えることができる、平素からの信頼関係の構築が大切になってきます。

先輩教員に勧められ日々実践したことは、①すき間時間での生徒へ声かけ、②毎日の「学習の記録」へのコメント記入、③１日の最終業務は教室の整理整頓、の３点です。①は例えば清掃時や授業後のちょっとした時間などを利用して生徒とコミュニケーションを図ることです。日常の何気ない会話に生徒のその時々の気持ちが表れてくることもあります。長すぎないということも大切なポイントです。クラス担任の都合で長い話、一方的な話をするのはマイナスです。また、「毎日必ず全員に」といった具合に肩肘張るのではなく、気がついたときに自然体で声をかけるようにする方が継続できるはずです。②は当時の勤務校では「学習の記録」として自主学習の記録をつけていました。生徒が簡単なコメント記入する様式になっていましたが、私も毎日コメントを記入しました。生徒とのコミュニケーションも図れますし、個々の性格や考え方も見えてきます。毎日記入するのは大変でしたが、思った以上に様々なことを教えてくれる効果的なツールでした。③は本来の学習環境の整備ということになります。教室の机を縦横真っすぐに並べ、黒板をきれいにするだけのことですが、意外と大切なことです。１日の始まりは整然とした教室で気持ちよくスタートしたいですね。

前述の①・②は生徒との信頼関係を構築するために実践したものですが、その効果もあり、生徒の方から彼らの抱いている不安を話してくれるようになりました。不安が解決すれば学校生活も順調になり、学習意欲も向上しました。ただし、生徒ごとにその状況は様々ですし、一問一答のように単純に結論が出るものでもありません。問題解決に時間がかかることもありますし、思うようにいかないことも多々あります。困ったときはやはり経験の豊富な先輩に相談することが多かったと思います。このとき教えを受け実践した「学習環境を整える」ことは、その後も私の学級経営の土台となりました。

現在勤務している私立中高一貫校では勤続12年目を迎えました。私立学校が公立学校と違うのは「建学の精神」に基づいた教育活動を実践するということにあります。私立学校は学校ごとに独自で個性的な教育目標を掲げています。私立学校の教員としては、基盤となる「建学の精神」を理解した上で、日々の指導に当たっていくことになります。

現在の勤務校の建学の精神は「チャレンジングスピリット」です。赴任した当時はそれほど意識せずに、日々生徒の指導に当たってきました。しかし、少子化が進み、公立高校の無償化などが実施される中で、より学校間の競争が激しくなっており、これまで以上に私立学校はそれぞれの特色・独自性を打ち出していく必要があります。そして、それはやはり「建学の精神」に基づくものでなくてはなりません。私立学校の中堅教員となった今、これからの社会のニーズと建学の精神をどのようにマッチングさせていくか、これからの社会を支える子どもたちに挑戦する心をどのように育むか等を課題として意識しながら、管理職と若手教員との仲介役として学校を支えていくことを今後の抱負としたいと思います。

高校生の文化部活動活性化のきっかけづくり

高知県教育委員会事務局高等学校課全国高等学校総合文化祭推進室チーフ　**中山泰志**

1　はじめに

「すまんが、高知県高等学校文化連盟（高文連）の事務局長をやってくれないか。教科は、数学であるが、文化的なこともしている（書道）。また将来、高知県で全国高等学校総合文化祭を開催しないといけないので、その準備をしてほしい」。初代高文連会長の一言に使命感を感じ、即引き受けました。

高知県は全国で最後に高文連が設置（平成９年）され、高等学校文化部活動を支える組織ができました。当時は、多くの教員が「“こうぶんれん”って何？」という状況でした。自分自身「高校生の文化部活動を何とかしなければ」「“こうぶんれん”の名称をもっとメジャーにしなければいけない」との思いが強くなっていきました。

2　文化部活動活性化のきっかけ

高文連があることにより、各学校ごとの部活動が県内で同じ部活動をしているものが一緒に活動できるものとなりました。毎年秋頃には、高知県高等学校総合文化祭（高文祭）を開催していました。実施会場・日程も各専門部（演劇、美術・工芸、書道、写真、吹奏楽、音楽、等）まちまちで、マスコミの報道もなく、高校生の文化部活動発表の機会が県民に周知されていない状況でした。

その頃（平成14年）、高知市の中心に大ホール・小ホール・展示室・各種会議スペース・茶室などが設置された「高知市文化プラザかるぽーと」ができました。“高校生の文化部活動を何とか多くの県民に鑑賞してもらいたい”。各専門部の先生方と高文連事務局のベクトルは同じで、何度も話し合い、すべての専門部が、この場所で、同じ日程で実施することが決まりました。

マスコミの取材や報道があることにより、県民にも高校生の作品等を一堂に鑑賞していただく機会が増えたこと、何より高校生が同じ高校生の他のジャンルの作品を鑑賞できることで、お互い刺激になっていました。

また、次年度開催される全国高等学校総合文化祭（総文祭）出場者を決める大会となっており、先生方にとっても、日頃の部活動指導のモチベーションがあがるきっかけとなりました。

この会場・日程変更にあたり、自分自身多くの部活動の先生方と日頃の部活動内容や指導者育成について話したこと、施設を借用するにあたって多くの準備、調整をしたことが現在の仕事に役立っています。

３　第44回全国高等学校総合文化祭開催に向けて

高知県での開催年も紆余曲折ありましたが、平成27年６月に令和２年に開催することが決まりました。高文連事務局長として、第38回茨城、第39回滋賀、第40回広島の高文連事務局や推進室の方々を訪ねて、各都道府県の大会に向けての取り組みや組織づくりなどを直接聞くことができたことは、高知大会開催準備に向けて大変貴重なものとなりました。

平成29年より、現在の職場に異動となり大会準備を引き続きしております。今、大会本番のために準備をしていますが、自分は準備期間こそが重要な時間だと思っています。

高知県内のすべての学校（県立、私立、市立、特別支援学校）の生徒、教員が大会準備のために、学校の枠を越え、様々な活動をしています。この大会がなかったら実現しなかったことです。

また、自分自身も多くの市町村との連絡調整、使用施設管理者との連絡調整、学校長を訪問しての連絡相談など、今まで経験したことのないことをしております。電話ではなく、いろいろな方々と直接お会いして話をすることこそが非常に大切であると感じています。伝えたい、お願いしたい内容以外に、お互い信頼関係ができるようになるからです。このことにより、事後の連絡調整が、よりスムーズにできるようになっています。

４　さいごに

令和２年８月中旬には、この大会は閉幕していますが、様々な取り組みをしてきたことが、大きな渦となって残ることでしょう。変化が激しい時代ですが、生徒、教員、学校、高文連それぞれの立場で、「不易流行」の思いを持ち、次の時代に合わせた文化部活動に取り組んでほしいと願っています。

生徒の可能性を信じて

新潟県立新潟高等学校副校長　**植木　勲**

1　「私の番号がありませんでした」の話

「先生、私の番号がありませんでした」。電話の向こうの、泣きながらのこの声は、今でも私の耳に残っている。

ある年の東京大学前期試験合格発表日。午後1時を少し回った頃、この電話がかかってきた。相手は担任クラスの女子生徒。居場所は発表会場で、周囲はすさまじい喧噪であることが、電話を通じて伝わってくる。そんな中、電話のできるところを探し、私に結果の報告をしてきた。その時の言葉がこれである。

その時、改めて心底気づかされた。受験生はみんな自分の受験番号があると思って（信じて）合格発表を見に行くんだということを。

この生徒の入学時の志望校は別の大学であったが、励ましながら目標を引き上げ、東京大学に変えてきた経緯があった。私は指導が間違っていたとは思わないし、本人の努力はそれは見事であったと思う。無謀な挑戦ではなかった。ただ、結果は不合格であった。

教師は、毎年生徒が入れ替わり、年度が替わればまた新たな指導を始められる。学校として今年振るわなかったけど、来年挽回しようということができる。だが、生徒の18歳の挑戦は、一度きりである。このことは教師として忘れてはいけない。

実はこの生徒、受験に行く前の日に、私のところへ来て、握手を求めてきた。本人曰く「最後の一押しの力をもらいに来た」とのことだった。私は一瞬迷った。「弱気になるな」「私の力なんて必要ない。自分の力を信じて挑戦すれば、絶対大丈夫だ」そう言いたい自分がいた。まさに瞬間的に私は揺れた。が、結局「頑張ってきな。大丈夫」と激励の握手をして送り出した。これが結果に影響したのかどうかなどわからない。いや、影響などしていない。しかし、私の中では、生徒の中にもし弱気の虫が芽生えていたのなら、喝を入れる手もあったかな、と後悔に似た思いは残った。

時々教師が、生徒の可能性を模擬試験の判定資料から断定するような指導をする場面や、合否結果の個人的な見通しを語る場面を見かける。教師の仕事として、指導上必要なことでもあるし、教師が生徒と同じ感覚で、受験に挑んで、その結果失敗では、何を仕事していたんだと言われもするだろう。

しかし、私は、生徒は他人のはじき出した可能性に左右されることなく挑戦することが大切だと思っている。何よりも自分を信じて。

２「医学部医学科目標20人」の話

ある学校で担任をしていた時の話。校長から学年主任に医学部医学科合格の目標人数を定めるようにと話があった。わが学年から理数科が２クラスになり、メディカルコースとサイエンスコースという２つのコースが設置され、この年度に初めて卒業生を出す時であった。

当時医学部医学科志望生徒は40人のクラスのうち20人いた。そのうち何人合格できる力があるか検討しながら、目標人数を決めようとしたところで、私は「一人ひとりの目標達成・進路実現と言っているんだから、目標は全員合格の20人でしょう」と提案した。結局その数字が目標になった。周囲には「20人受かるって、日本で一番の数字だぞ」と半ばあきれている様子もあったが、私は「目標を10人にしたら、10人は落ちると言っていることになる。それでいいのか」と思い、訴えた。常識的には無謀、現実はシビア、夢だけで受かれば苦労はしない。しかし、一人ひとりが合格に向かって頑張っている。「２桁、半分くらい受かれば上出来」という発想は、私の中にはなかった。

青臭い教諭だった頃の思い出である。今は教壇に立つことはなくなり、生徒に接する機会は減ったが、自分を支える信条は今でも変わらない。

守・破・離

福岡県教育庁教育振興部高校教育課主任指導主事　**工藤宏敏**

ある日突然、山門高校の長俊一校長先生から電話があり、「突然で申し訳ないけど、あなたの教育実践を書いてほしい」という内容のお話をいただいた。先生との出会いは、先生が明善高校の校長で私が県教委に在籍していたときで、SSH事業のお手伝いをさせていただいたのが最初だ。校長先生にはSSH事業以外にも様々なことを教えていただいた。

ご指名に感謝して、教育活動を振り返りたい。高校教育改革が進む中、これからの教育を担う先生方に少しでも参考にしていただけたらと思う。

1　原点＝〈守〉

初任校では、教科指導や生徒指導等、見習うべき多くの先生と出会い、教員としての基礎を築くことができた。

《学力は授業と考査問題で身に付けさせる》

「しっかり考えさせ、解いた生徒が達成感のある問題を」と考査問題を作成した先生は言った。教員になって最初に出会った考査問題に衝撃を受けたことを今でも鮮明に覚えている。思考力を問う問題が随所にあり、今の時代にも通じる問題だった。先生は常々「学力は授業と考査問題で身につけさせる」と言っていた。その先生のうしろを必死について行った。

《指導のあり方を振り返る》

「そんな気持ちで授業をしとったら、伸びる生徒も伸びなくなるぞ」と先輩は厳しく叱責してくれた。この言葉は教員生活にも慣れ、横着になっていた私を初心に戻してくれた。以降、失敗したことの原因を自分以外に探さないように心がけた。特にその矛先を生徒に向けないようにした。「まず自分の指導のあり方を振り返る」ということを学んだ。

2　チャレンジ＝〈破〉

２校目では、これまで身につけた教科指導法等を実践することができた。

《きっかけづくり》

大学入試に向けた勉強法（授業の効果的な復習法等）の習得を目指し、

「ゲリラ補講」（名称はイマイチだが）を定期的に実施した。休業日や代休日に希望者を募り、分野を絞り集中的に講義・演習を行った。「学力は授業と考査問題で身につけさせる」という考えは変えることなく、様々な機会を狙って、学習に対する「きっかけづくり」を行ってきた。

３　学年主任として＝〈離〉

２校目では学年主任を経験させていただいた。この経験により視野が広がりマネジメントの意識が高まった。

《経験を生かす》

学年主任になる前の４年間、連続して３年生の担任を経験した。この間、違う学年主任に仕えることができ、良い経験になった。生徒の希望進路実現という目標は同じだが、アプローチはそれぞれの主任で異なる。異なるアプローチを体感することで、自分自身の引き出しが増えたと思う。

受け持った学年では「守・破・離」という学年テーマを設定し、生徒の自立を目標に学年経営を行った。目標は概ね達成できたのではないかと思う。また、この経験により管理職を意識するようになったのも事実である。

４　県教委・指導主事として＝〈再び守〉

「ここでは仕事に没頭してはいけません」と主幹指導主事は、我々新米指導主事に言った。これまで教材研究等の仕事に没頭してきた私にとって衝撃的な言葉だった。しかし、業務を進めていく中で「没頭してはいけない」という意味がわかった。様々な角度にアンテナを張り、対応に苦慮している人を助けること、担当以外の仕事にも積極的に対応すること、管理職として大切にしなければいけないことを学んだ。

５　現場教頭として＝〈再び破〉

現場教頭として２年目、参考となる実践はできていないが、指導主事での経験を「教頭は仕事に没頭してはいけない」に置き換えて実践している。教頭として仕事に没頭することなく、様々な角度にアンテナを張り、先生方が安心して仕事に没頭できる場を作りたいと考えている。

生徒の「生きる力」を育むアクティブラナーとして

熊本県立天草高等学校教頭　**石田智雄**

「生きる力です」。採用試験面接のテーマが、「21世紀を生きる生徒に必要な力」でした。理科教育法で学んだ表現がつい出ました。その後、学習指導要領に「生きる力」が登場したので、以来、自信をもって、教科指導では問題解決型の授業展開、特別活動では生徒主体の展開を実践しました。

初任校は教職員が10人の小規模校でした。すべての先生から教員のいろはを学びました。生徒指導主事から「経験相応の役割がある。今は教科指導力をしっかり身につけなさい」といわれました。そこで理科教師の学習サークルに参加しました。私が問題解決学習を紹介したときには質問も多くありましたが、「早速取り入れてみよう」とされる大ベテランの先生がいて、常によい授業を行いたいと欲するアクティブラナーの姿を見せていただきました。副担任をしていたクラスの担任から、「生徒をしっかりかわいがる。経験させて、やればできることを実感させ、自信をつけさせる。やりたがらないことでも環境をつくってやらせる。その演出も教師の力量」と指導いただきました。そのクラスのLHRでは生徒に企画運営をさせる場面が多くありました。３人の班で、決められたテーマについて２週間前から準備を始めます。まずテーマについての理解を確認し、企画の方向性を確認したうえで、図書館で資料選定・編集（教材づくり）、展開案を作成させ、私とディスカッション（というダメ出し）を行いブラッシュアップさせて、LHRを運営させました。生徒は回数を重ねるごとに、準備段階での動きが活発になり、自信を持って説明や応答を行っていました。

２校目は学年10クラス規模の進学校でした。大学入試を意識して演習時間を確保しようと、こちらが内容をまとめ、わかりやすく説明するようにしましたが、生徒の反応が芳しくありません。効率的に教えようとする時間が増えて、生徒が深く考える時間がとれていませんでした。そこで再度、問題解決型の授業展開と、高校の内容を超えてでも“学問の本質に触れる”ことが知的好奇心を揺り動かすと考え、授業を再構築しました。課題解決のプロセスが思考・判断・表現力の育成につながる部分ですので、簡単に答えは教えませんが、授業改革を行ってからの全体的な授業評価は上がりました。受験しなくても質問にくる生徒、授業内容以外の地学現象について議論しにくる生徒が増えました。生徒たちは主体的な取組を始めました。もちろん模試の成績も上がりました。

以上が20歳代の実践で、授業とクラス経営と部活動が主体でした。そこで30歳代では、初任時代に示していただいた「経験相応の役割がある」に従い、『学校全体に貢献する』ことを心がけました。そこで生徒会を担当した際、学校行事を生徒の成長の場とするために、職員の姿がグラウンドにない生徒主体の体育大会を目指しました。企画力、交渉力、統率力などの育成を期した行事にしたいと職員会議で提案しました。事前指導が例年より遥かに大変でしたが、当日は見事に生徒の手による体育大会を実施することができました。生徒会、応援団との反省会では来年度の体育大会をさらに充実したものにするための建設的で発展的な意見が多数出ていました。

３校目は熊本市内の進学校でした。担任と進路指導部の情報管理を担当していましたが、教頭に申し出て、教育活動の充実に向けて校内LANの整備・管理を行いました。また、広報活動が重要視されるようになり学校HPの制作と広報誌を作成する部門を合わせた情報処理部を立ち上げました。

４校目の学校は、年間を通して問題行動が続いていました。先生方の生徒指導に関する意識や対応に大きな差があると感じ、問題行動発生時の担任の対応マニュアルの作成を行いました。

５校目では、担任、教務主任、進路指導主事を経験しながら主幹教諭になりました。全教職員が使命感をもって懸命に業務に取り組んでいるものの、生徒はまじめではあるが受け身の姿勢でした。宿題がない日は家庭学習０の生徒がいました。生徒にやる気を起こさせる研究会を立ち上げました。

以上、教諭時代の実践の一部を紹介しました。その学校の生徒の状況に応じてテーマは異なるかもしれませんが、全教科全領域で生徒に「生きる力」を培うことは同じです。そのために自分自身がアクティブラナーであり続けたいと思います。

潜在能力を引き出す工夫

青森県立田子高等学校校長　**小野淳美**

私は、県内に４校あった衛生看護科の教員として採用された。平成16年入学生から、看護師養成所指定規則の変更で、看護科教育は高校看護科＋専攻科２年の５年一貫教育で看護師国家試験受験資格を得るカリキュラムに移行した。これまでの准看護師教育は役割を終え、勤務校は閉科となり、私は総合学科で介護福祉士を目指す福祉科教育に携わることになった。ここでも国家試験の制度改正に翻弄されつつ、粘り強く、熱意をもって前に進んできたつもりである。

１　看護科そして福祉科　～制度の変遷とともに～

看護師にも介護福祉士にも共通しているのは、人の命を預かる仕事であるということだ。そしてその教育は、否が応でも厳しいものになる。専門知識はもちろんだが、礼儀、モラルなど専門職として倫理面の指導を徹底してきた。それは実習という形で周りの高校生より少し早く社会に出ていくからである。このことは看護科でも福祉科でも、繰り返して指導してきた。

平成16年頃の介護福祉士国家試験の全国の合格率は50％以下で、准看護師試験や看護師国家試験の合格率よりかなり低く、福祉を学ぶ高校生に対する認知度も低かった。「100％合格」を目標に掲げ、国家試験を意識づけながら授業を展開し、生徒同士のつながりを深め、生徒の内面から全員合格の意識を高めていった。

大変な仕事でも人の役に立ちたいという気持ちは看護と共通している。生徒たちは落ちこぼれそうな仲間を励まし、支え合って向かっていった。国家試験対策講習、過去問題の演習と解説、自学の方向性の示唆など特別なことではないが、繰り返し指導を続けた。

さらに、受験勉強や施設での実習、受験に伴う経済的な面の支援をお願いするため保護者会を行った。家族ぐるみのサポートには大変助けられた。教育活動に保護者を巻き込み、協力いただくことは、学校の指導全般において共通することである。100％合格は赴任２年目で達成し、連続達成することもできた。

その後、平成21年に制度改正があり、勤務校は卒業後９か月の実務経験を経たのちに受験する「特例高校」となり、卒業１年後に国家試験を受験することになった。この新たな課題で、これまでの指導を卒業生に広げ、メールやSNSを使って連絡を密にとりながら出願〜受験まで、科内の教員と協力しながらあたった。また受験制度の改正を卒業生の職場に理解していただき、協力を仰いできた。

介護福祉士国家試験制度のめまぐるしい変化に翻弄された14年間であった。福祉系高校は看護科の５年一貫教育同様、しっかりとした教育のもと国家試験に臨んできた。今後も自信をもって進んでほしいと思っている。

２　組織としての生徒指導

問題行動が多発した時、生徒指導部が団結して臨むのはもちろんだが、多くの教員に関わってもらうことや学年と情報を共通理解し、学年間や担任間の指導に差異が生じないように心がけて指導にあたった。保護者への対応も学年と一緒に行ってきた。そして学年と生徒指導部との情報交換の場として「生徒指導連絡協議委員会」を設置し、毎月行うこととした。

そこでは生徒指導部の指導方針の共通理解、各学年の生徒の生活状況やちょっとした気づきをあげてもらう、養護教諭から保健室利用状況を報告してもらうなど全学年で情報共有した。その会議の中で、特別指導の解除後に一定期間の事後指導（授業担当者に評価してもらう）を加えてはどうかという提案があり実施したところ、多くの教員が関わる意味で大変効果的だった。

翌年、問題行動は数件に激減した。チーム学校としての取り組みと連携がうまく展開し、対応をすることができたと思っている。

生徒指導主事として６年間過ごす中で、生徒を取り巻く環境が変わってきた。少子化で多様な生育環境の生徒や心身に障害がある生徒などが入学してくる。生徒の変化と共に指導も工夫していかなければならない。学校生活を困らないで過ごすこと、高校を卒業するまでに身につけることは何か。そして生徒の心の琴線に触れる指導をいつも考えている。

謙虚さと自分らしさを持ち、周囲に支えられた教育実践

大分県立大分舞鶴高等学校教頭　**甲斐耕司**

1　はじめに

「……生徒とともに自分自身を成長させながら教育を実践していきたい」と教員採用試験の作文で書いた私の教員としての原点から、これまでの経験をふりかえります。

理科（物理）の教員、担任、副担任、分掌・学年主任等様々な立場で愚直に取り組むなかでは、失敗が伴っていました。その度に、生徒や保護者からの抗議や指摘、同僚からの注意などを受けました。幸いにも人間性を否定されなかったことで救われ、積極的に取り組む姿勢を保ち、今に至っています。当時、困った時には、同僚や分掌主任など周囲の方々に遠慮なく相談ができ、助言や支援をいただき、その度に職場の一体感を感じ、生徒に向かう姿勢を学びました。安心できる雰囲気の職場に恵まれたからこそ、自分らしさを発揮した教育活動に取り組めたと実感しています。

2　物理の授業について

（1）ベテランや同世代の理科教員からの示唆

実験機器の活用、計測を生かした授業、現象の観察から生徒の気づきを引き出す実験、誤概念を体感させる実験、大学への学びにつなげるアカデミックな授業、目的（育成する力）に応じた問題演習や課題の扱い、問題の捉え方など、様々な観点からの示唆をいただきました。

（2）2つの自己体験からのこだわり

小学生の頃、仮説実験授業的な理科の授業を受けており、授業で科学現象に思索を巡らす楽しさを得ました。高校では、講義形式の物理の授業が難解で、眠気と戦う時間を過ごしていました。この２つの体験から、次の３つのことを意識した授業を目指しました。

① 生徒の思考の過程を想像しながら授業を設計し、進めること
② 教室内の生徒すべてが個性を出し、意欲をもって参加できること
③ 教材や発問は、生徒がワクワクする現象や考え方に気づくもの

（３）授業スタイルの確立へ

２つのこだわりから、物理現象の提示や生徒の生活体験を基にした授業では、生徒の視線・表情などに応じた臨機応変の発問を行いました。また、生徒が安心して「わからない」とか「疑問点」を述べられる空気感を教室に作り、すべての生徒が主体的に授業に参加できるように心がけました。

（４）発問の工夫

生徒からの「頭を使う授業」「緊張感がある授業」「脳が働くことを感じ、脳が疲れる授業」との言葉が、私の授業が知識伝達でなく、生徒の思考を促していた裏づけと信じています。それは、過去の授業で生徒から出た素朴な疑問や困り事を素材として生かし、発問のバリエーションを増やし、生徒の思考の過程に添った発問を生み、活用できたことにあります。発問を生かした私の授業スタイルは、先輩や同僚の教員からの示唆と自己体験、なにより生徒が授業中に示した表情や態度から伝わる、「面白い」「退屈」などのサインのおかげで成立したものです。

（４）　これからの教員へ

科学的なデータ分析から効果的に授業を行う方法を学ぶことは必要です。ただ、目新しい手法があったとしても、生徒の資質・能力を育まなければ意味はありません。授業テクニックの策に溺れず、生徒を観察し、変容を感じながら、自己の授業改善を積み上げ、生徒目線に合致したスタイルの授業となることを期待します。

３　最後に

主幹教諭、指導教諭、分掌主任などのミドルリーダーが、学校を支え、若手を育てる頼もしい存在であり、再任用のベテラン教員の熟練の技とともに学校の力となっていると感じます。そういったなかで、自分の未熟さをあらためて思い知らされますが、教頭としてブラッシュアップし、校長が目指す学校の実現を目指し、これからも業務に邁進していきたいと思います。

保護者とともに生徒に寄り添って

長崎県立国見高等学校教頭　**山本康雄**

1　はじめに

私は、これまで34年間、定時制と郡部にある普通科の高校で勤めた。16年間は学級担任として、生徒全員の氏名を覚え、声かけや家庭訪問など徹底した。特に若い頃は、保護者と一緒に酒を酌み交わし、時には宿泊もさせていただいた。また、部活生や学級の生徒と海へ山へ遠足にも行った。さらに、深夜まで電話による質問や学習指導にも対応した。できることを可能な限り実践することで保護者との絆や生徒との信頼につながった。８年間は学年主任・生徒指導主事・進路指導主事などに携わった。特に進路指導主事として、家で学習できない生徒を対象にセミナーハウスや公民館を使って学習会を開いた。当時は塾も少なく、学校頼みが主流だった。

2　お世話になった大先生

○高校２年のときに、橋本勝朗先生（元校長）から目が覚めるほど気合いの入った数学の授業を受けた。教科書をなぞる退屈な授業でなく、教科書を伏せたまま次々になぜ？が頭の中に入ってくるエキサイト授業に魅了された。次第に先生の真似をしていく中で、数学教師を目指すようになった。同級生は時には強い刺激をもらいながらも全員数学の成績が上がった。

○郡部の高校で勤務していた頃、中川幸久先生（元教育次長）にご指導をいただき、問題集編集に参加する機会をいただいた。段階を踏んで生徒が取り組みやすいような問題、特に、例題は自然体を意識した解答になるよう、複雑な式や数値にならないような編集を心がけるようにと教わった。これは、県下一斉模試作問時にもたいへん役に立った。

○離島の高校へ転勤になった同年に赴任して来られた廣瀬典治先生（当時の校長）には、学年主任・進路指導主事としてお仕えした。県外から離島留学生の諸問題への対処や人としての生き方、仕事の流儀を一つひとつ懇切丁寧にご指導いただいた。特に人からの恩義に対する振る舞い方は、人間的に大きく成長させていただいた。現在、教頭職にあるのは、廣瀬校長先生のお陰であり、たいへんお世話になった。

○当時の廣瀬校長先生の紹介で宇田津一郎先生（元宮崎西高校校長）を講師にお招きし、進路指導について、多面的視点から指導をいただいた。特に、校外模試や偏差値のみに頼るのではなく、生徒の人間性や学校行事、部活動、生徒会活動、学級活動など、多くの視点を踏まえた国公立大推薦入試について手厚い指導をいただいた。教職員もその後、入試対応への視点が広がった。

以上の４名の他にも陰となり日向となり、ご指導をいただいた多くの先生方に感謝の気持ちでいっぱいだ。

３　教頭として

これまで８年間、４校にわたって６名の校長先生にお仕えしてきた。私の不徳の致すところにより、いろいろとご迷惑をかけたこともあった。ただ、厳しさと優しさを併せ持った校長先生の言葉の一つひとつは心の支えとなった。ここでは、佐世保中央高校定時制の教頭として、昼から学べる定時制夜間部コースの開設に力を入れたことを述べたいと思う。

平成28年に県教委から指定を受け準備委員会を発足させた。まず、昼から学べる時間帯をどう設定するか、生徒の通学範囲や三課程（昼間部、夜間部、通信制）の実情を踏まえた上で、14時25分から始まる日課に決めた。次に、ある程度発達障がいを有する者の入学も想定し、通級指導でのサポート体制を整えた。平成29年度には、年間７回にわたって準備委員会を開いた。他課程との調整をしながら時間割、教室配置、年間行事の日課などを決めていった。入試については、作文と面接から学力検査の導入を決めた。学習のつまずきなど実態を把握し、学び直しへつなげることを狙いとした。

また、新コース開設の学校案内パンフレットを作成し、生徒の募集活動にも力を入れた。一期生は普通科へ32名、商業科へ12名の入学生を迎えた。コース２年目の令和元年度は生徒総数140名を超え、令和２年度以降は、県下定時制で最も活気に満ちた学校になっていくものと期待している。

現在、サッカーで有名な国見高校に勤務している。喫緊の課題は生徒募集である。前任校同様、微力ながら教頭として校長先生や先生方と一緒に努力していきたい。

地域素材に着目した理科課題研究への30年の挑戦

鹿児島県立指宿高等学校教頭　**樋之口　仁**

新学習指導要領では、「総合的な探究の時間」や「理数探究」が新設され、課題研究をどのように展開するか大きな課題となっている。

私は20年前から理科の探究指導を通じて、毎年九州や全国大会に生徒を出場させるようになり、平成19年からスーパーサイエンスハイスクール校（以下SSH）に赴任し、指導した生徒たちが全国大会や国際学会で発表し、世界大会（ISEF等）で上位入賞を果たした。高度な課題研究のためには、外部連携と地域素材の活用が重要であると考えている。

30年前の採用当時から探究指導を目指したが、難しかった。私の専門は放射線工学であり、施設や機材が乏しい。当時は外部連携という考え方はあまりなかったが、大学や企業等に伺い、高校理科教育との提携を模索した。結果として測定器借用や助言を得て、岩石が含有する環境放射線を生徒に測定させた。結果として物理・化学・地学の教科横断な探究となり、２校目の専門系高校で「①環境放射線測定と地質との関係」として展開した。

平成７年から、鹿児島大学大学院で学ぶ機会を得た。ここで桜島噴火に伴う放射性ラドン濃度観測などの地域素材に着目し、パソコン（以下PC）計測・通信の知見を得た。高校生でも可能な探究活動を模索し、桜島の酸性雨やオゾン層破壊に伴い増加する環境紫外線測定をテーマにした。気象台とも連携して、研究方法としてセンサーとPC通信端子付き回路計と中古PCをつなぎ、安価な記録計を作成する工夫を用い、以下のような探究を継続した。

【大学院修論研究】

②「桜島噴煙で減少する日射量～太陽電池による簡易日射計の製作～」

【普通科高校サイエンスクラブ（部活動）】

③「輪ゴムと磁石を使った自作地震計の製作」

④「オゾン層破壊による紫外線増加を計測する紫外線計の製作」

⑤「桜島火山地域における酸性雨測定装置の開発と観測」

平成19年度から県内初のSSH校に勤務し、課題研究を軸としたカリキュラム開発に取り組み、地元鹿児島大学との連携の基礎を作った。私自身は、地域素材を活用して、以下のような探究活動を行わせた。

【SSH 課題研究】

⑥「豪州修学旅行における航空機での宇宙放射線測定」
⑦「皆既日食における AM 放送を使った電離層変動の観測」
⑧「皆既日食における自作装置を用いた日射量・紫外線・磁場変動の観測」
⑨「南九州上空にみられた高高度発光現象スプライトと気象の関係」
⑩「桜島噴煙による大気電場変動観測」
⑪「桜島における火山雷発生のメカニズムの研究」

特に探究⑦では、高知工科大学からのお誘いもあり、生徒たちを国際学会に挑戦させた。英語による発表経験がなく準備期間は２週間。ただ生徒たちは意欲的だった。研究要約を英訳させてポスターを作成し、喜々として発表に挑んだ。この経験から生徒たちも語学力以上に図や数式グラフを活用した分かりやすいポスター作成の重要性を理解した。このような高大連携の機運が重なり、他の生徒たちも水産や植物等の国際学会に盛んに挑戦するようになった。この時期、勤務校が国内学会や国際学会のパイオニア高校と認識されることになった。

現在は小規模校におり、多忙な教頭業務の合間に、物理化学部を指導する。地域の温泉の噴気測定をテーマに、生徒が水蒸気噴火の予知に挑む。

私の理科探究の方針は、一貫して地域素材を基にして、生徒自身に測定装置の製作を考えさせる。生徒は予想以上の興味と愛着を持ち取り組んでくれる。私がある程度枠組みを作るが、後は生徒が製作、測定や発表を繰り返し、自ら改善し自分たちの研究にしていく。これは探究主体が育成される過程であり、醍醐味はそこにある。こうした若い芽の中から、今後の学問や社会の課題を独創的に切り開く探究人が育つことを楽しみにしている。

第３章

現場を活性化する組織マネジメントの在り方

未来のリーダーの心得

里程標として

宮崎県教育委員会副教育長　**黒木淳一郎**

1　3つのリーダーシップ

リーダーシップが肝要なのは言うまでもないが、リーダーシップには3つの手法があることを学んだ。

ひとつは「ビジョンによるリーダーシップ」で、管理職が確たる信念を持って学校の進むべき道を指し示すことが何より大切なのは論を俟たないであろう。しかし、気をつけなければならないのは、校長のビジョンはともすると抽象的になりがちだということだ。したがって、実践のための方法を具体的に明示しなければならない。校長から具体的な方法が示されていないならば、教頭の出番で、各分掌主任やミドルリーダーとの協働や彼らの提案に華を持たせる場も出てくる。自分でする力と人にさせる力が発揮できる。

次に「環境整備によるリーダーシップ」で、ことに職員室での会話の少なさが気になった教頭時代の実践が長続きした。学校の教育成果は、もちろん教師個々の力量、意欲の所産だが、教師集団の和や士気に負うところもきわめて大きい。そして、その醸成には職場での協働作業における苦楽や成就感の共通体験が欠かせない。その共通体験をとおして、自らの仕事への自信や誇り、使命感、生徒や学校への愛着が生まれくる。その土壌になるのが職員室での「まじめな雑談」だと考えている。この雑談に加わり、職員の本立てを低くし、ソファを入れ、水屋を整え、花を置いてきた。

最後に「コミュニケーションによるリーダーシップ」で、議論を重んじ、校内随所に足を運び、こまめで適宜な声かけをすることが大切であるのは、これもまた論を俟たないであろう。しかし、これには物理的な人数の限界がある。全員にタイミングよく声をかけることはできないので、人や場を選ぶことも学んだ。

2　明るく心豊かに

「先生、最近笑顔がないので気にしてます」

職員室で言われてはっとした。同時に「人生はニコニコ顔の命がけ」という平澤興元京都大学総長のことばを思い出した。

教育行政の服務管理課に勤務していたとき、忘れられない思い出がある。当時、不祥事が続き、気の重い日々が続いたことがあった。担当としてもつらかったが、課長はもっとつらかったと思う。またか、またかの毎日で、不祥事の報告を聞きながら課長も自席で目を閉じておられた。やがて、報告も終わり、別の部下が課長席に相談に来た。そのときの課長の笑顔とひと言が忘れられない。「もう風邪は治ったの？」。直前の口を一文字にひき結び、瞑目しておられた顔とは一転しての笑顔だった。部下の数日来の体調不良に思いを寄せられながらの対応だった。憧れの上司である。

課題のない学校はない。生徒や保護者の対応に追われる日々もある。そんな日々に笑顔ではつらつと仕事に向かうリーダーは魅力的だ。

3　育てられた経験から

初任校は忘れられない。なおかつ、私にとって初任校は最大の教育資源であった。ちょうど学級が増える年にあたり、おまけとして着任したに過ぎないが、今でいうメンターのたくさんおられた学校で、授業で真似をし、学級経営で先輩から学級通信を冊子でいただき、校務分掌でやや難しい達成感のある仕事を任された。おかげで、初期キャリアの職員として、組織における行動規範を身につけることができた。管理職となり、初任者を迎えたときは、いつも当人にとって「最大の教育資源」となるよう肝に銘じている。

その後、教育委員会に奉職したが、指導助言のために、他教科の授業に学び、他校種の取組に啓発されながら専門性の深化に励んだ。行政経験自体が社会体験だったとも思える。中期キャリアのこの時期に外から自分の仕事を見直すなど、必要なことが揃っていたように思う。自己に確立されていくものの大切さを痛感した。

今、後期キャリア、管理職として、これまでの経験の伝授を念頭に、教頭やミドルリーダー、時には若手に順次役割を与え、各種委員会やプロジェクトの経営をさせながら、期待を寄せ、責任と成就感を経験させ、学校経営への参画意識を醸成している。同時に後期キャリアであろうとも、ともに新しい仕事を創造していく喜びを日々感じている。

一歩を踏み出す勇気を

大分県立由布高等学校校長　**若林　剛**

教職人生に大きな転機があったのは、まだ私が30代後半の時だった。当時、県庁所在地郊外の高等学校に勤務していた私は、その勤務校が普通科単独の学校から「単位制普通科」の学校へ移行するという変化の時期に遭遇した。創設から30数年を経ていた勤務校は、県内の高校入試制度の変更以降、進学実績が年々悪化するという状況に陥っていた。単位制の導入は、学校を変革するチャンスであった。私は、その移行準備チームの中心的なメンバーの一員となった。それまでホームルーム担任しか経験していなかった私にとっては、「大抜擢」と思われる校内人事であった。

その学校の卒業生でもなかった私は、学校の創設に深く関与した初代校長が著した、その学校の生い立ちについての本を熟読することから始めた。当時、創立から30数年を経ていた勤務校にあって、初代校長時代から連綿と続いていた「伝統」と呼べるものも残っていた。形は残っていたが、開校の思いは伝えきれず「形骸化」したと感じるものもあった。

当時、この単位制導入の担当であった県教育委員会の指導主事が、常に語っていたことを覚えている。――「まず、どのような生徒を育てたいか、それを柱に据えてすべての教育活動を考えること」――その学校の校訓は「誠実・自主・創造」であった。人生100年の時代を迎えつつある現在も、誠実であり、自ら学び、主体的に行動する力を持ち、失敗を恐れず新しい価値を創造する人材が求められている。当時も色あせていない校訓であると感じたが、この原稿を書いている令和の時代においても、なお輝きを失わない校訓と思う。このような生徒を育てる学校の教育活動やカリキュラムは、どうあるべきなのか。この校訓の目指すべき生徒の姿を思い浮かべつつ、新しい器を準備したい。改革チームのすべての提案は、そこから始められていった。

学校組織マネジメントについて、それなりに学習した現在から振り返ってみると、学校の危機に当たって、学校のステークホルダーが共有できる「ビジョン」を構築するということを意図したことだったと説明できるが、当時の私にそこまでの知識はなく、ただただ外様の自分が周囲を納得させることができるとするならば、建学の精神を曲げない学校づくりしかない、という思いからすべてを考えるようにしていた。

その当時、ともに新しい学校づくりに取り組んだ同僚の多くは、現在、様々な場所で国や県の教育課題の解決に取り組む立場となっている。当時の校長、教頭は、若手の改革チームの想いや斬新なアイディアを頭から否定することなく、その実現に尽力していただいた。次世代リーダーを育成する最も良い方法の一つは、「場を与える」ことだと言われるが、今振り返ってみると、関係した若手教員が多くの学びを得た貴重な日々であった。以来、「誠実・自主・創造」は、私にとって大事な言葉となっている。

その後、県教育センターに指導主事として勤務することとなったが、そこで「教育コーチング」について知る機会を得た。その中で、コーチとしての心構えとして、「信じて、認めて、任す（信・認・任）」が重要であることを学んだ。授業や部活動においては、生徒を信じ、努力の過程を認め、生徒の考えに任せることになるであろうし、教職員をまとめる立場となれば、その能力を信じ、その業務の過程を認め、仕事を任せていくことになる。現在、常に心の中にある言葉である。

最後になるが、教員としてはまだまだ道半ばであると思っている。人に誇れることをしてきたというような自覚はない。若い頃の無鉄砲さや歯に衣着せない発言が招いた失敗を、二度と繰り返さないようにと常に自戒を込めて歩んできただけである。もし、これを読む若い方がいれば、管理職や先輩から任される仕事があれば、常に「はい、やってみます」と答えてほしい。失敗やミスは怖い。しかし、失敗やミスを恐れ、仕事を断ることは自己の成長の機会を絶つことでもある。任せようとするのは、管理職や先輩が期待しているからだ。仮にミスが起きても、ミスを叱責するのではなく、原因を追及しフォローしてもらえる環境を管理職や先輩は作っている。自分の力と周囲の支援を信じて、一歩を踏み出す勇気を持ってほしい。

答えのない未来の社会を生きていく、挑戦意欲を持つ子どもたちを育てたいと願うならば、まず自分自身がそのように生きるべきだと思う。

教育は土づくりから

熊本県教育庁県立学校教育局体育保健課長補佐　**濱本昌宏**

1　はじめに

私は、24年前、念願であった本県の高校保健体育科教諭に採用されましたが、最初に赴任したのは養護学校でした。高校での体育の授業や部活動での指導を夢見ていた私は、赴任してしばらくの間、気持ちを切り替えるのに時間がかかったことを思い出します。そして、着替えなどの日常的な指導を行いながら、花苗作りなどを行う園芸班での作業学習がスタートしました。今の自分があるのは、養護学校での３年間があったからと今でも思っています。

2　学校が変わった生徒の一言　～「先生、もう１回やろう」～

養護学校の後、高校３校で教鞭を執りました。そのうちの１校で当時、教育困難校と言われる状況にあった高校で生徒指導主事をしていた私は、初任校での経験もあり、「教育は土づくりから」という考えを持っていました。以下は、生徒の問題行動に追われていた高校が落ち着きを取り戻してきた頃に、私が地元新聞社に投稿し掲載された内容です。

教育は土づくりから

先日、本紙の県農業コンクール大会特集号を読んだ。その中に「やっぱり農業は土づくりが基本」という農業経営四十年以上というベテラン経営者のコメントに教育者として共感を覚えた。

私は今年で教師生活十八年になるが、私自身も日頃から、「教育は土づくりから」との思いを抱いて教育活動に携わっているからである。

教育という字は、「土」という字から始まる。教育における土づくりとは、教育の土台作りであり、人として当たり前のことが当たり前にできることだと思っている。「挨拶や返事ができること」、「目上の人に対して敬語が使えること」、「約束（時間）が守れること」、「掃除ができること」など、人としての基礎基本づくりこそが教育の出発点であると思う。それらの基礎基本ができてからこそ、学習指導や部活動指導も大きな成果を上げることにつながるのではないだろうか。

私が勤務する高校の生徒たちは、先生方や来校者の方々に対して立ち止まって挨拶をしている。そこに勤務する者として、その生徒たちを誇りに思っている。

まもなく卒業式を迎えるが、卒業後に社会へ出た時、人としての基礎基本を身に付けた本校生たちには輝かしい未来が待っていることを願っている。

当時、その高校は生徒たちが落ち着いていなかったこともあり、数年、体育大会を行っていませんでした。私は、前任校でマスゲームと出会い、その教育効果を十分認識していたことから、当時の校長先生に体育大会の復活をお願いしました。反対する職員もいましたが、校長先生は安全確保を条件に、体育大会の実施を英断されました。しかし、本番当日までの道のりは厳しく、マスゲームの練習では、これまできついことから逃げてきた生徒たちから出る「痛い」「きつい」といった声の度にピラミッドは崩れていました。何度も崩れ、「これ以上やればけが人が出るかも」と諦めかけていた時、特別指導を繰り返していた生徒たちのリーダー的存在であった生徒が「先生、もう１回やろう。できるまでやるバイ」と言ってきました。その生徒の一言から、全体の雰囲気が一変しました。それから生徒たちは団結し、互いに励ましの声を掛け合いながら、ピラミッドを完成させました。

３　管理職を目指したきっかけ　～矢印を自分に向ける上司～

私が管理職を目指すきっかけとなったのは、県教育委員会に入ってからの出来事でした。教育行政の仕事に携わってしばらく経ったある日、私が担当する業務で、各学校に通知した文書にミスがあることが外部からの指摘でわかりました。私は、酷く叱られるだろうと恐る恐る係長に報告をすると、「ごめん。気がつかなかった。起案時に私がきちんと見ていれば」と、その上司は部下を叱るどころか、部下のミスを自分のこととして捉えられ、さらに、「手分けして全教育事務所に訂正の電話をかけてくれ」と係職員に指示を出されました。私は、組織的に起こったミスをまずは自分自身に矢印を向けられる上司を目の当たりにし、こんな上司になりたいと思っていた翌年、教頭試験の話をいただき、受けることとなりました。

４　おわりに

昨年度まで、八代高等学校に教頭として勤務していました。東京大学をはじめ難関大学を目指す生徒もたくさんいます。そして、その生徒たちのために一生懸命指導される先生方がいます。当時、直接、生徒と関わる機会も少なくなっていたのですが、夢を持って入学してきた子どもたちのために日々頑張っておられる先生方の支えとなれるよう、矢印を自分自身に向け、教頭として私にできることは何かを日々考えながら、仕事を楽しんでいました。

リーダーに必要な「つなぐ力」

福島県立喜多方高等学校校長　**遠藤利晴**

私が教員を目指した起点は、高校時代の先生方の授業である。のんびりした地方の生徒に対して、先生方は高校３年間で何とかしなくてはいけない、という心意気を持って授業に臨んでいた。さらに、母校での教育実習の際には、その先生方の背中を見て、教員としてのやりがいや覚悟にも触れることができた。研究授業は清岡卓行の「手の変幻」であったが、生徒も私の問いによく応えてくれ、人間の世界への関わりの本質とその美しさについて、クラス全体で到達できたように感じた。生徒に考えさせ、生徒が自ら成長する、そこにやりがいを感じた。

大学を卒業して赴任した学校は福島県浜通り地方の普通高校だった。そこには様々な課題を抱えている生徒がいた。この学校で、学習指導、生徒指導などすべてのことの基本を学んだ。当時は教員同士のつながりも強く、先輩から学ぶ、ということが自然にできていた。若手の教員も多く、談論風発、飲み会などでは熱い教育談義が夜遅くまで続いた。

私は生徒指導部室にいたので、いわゆる生徒指導の最前線に立つことになった。その中で一人ひとりの生徒と真剣なやり取りをしたことは、今の自分の基盤を作ったと考えている。

学習指導についても、教室の秩序をどう保つか、わかりやすく、興味深く教えるためにどうしたかよいか、といった点について模索を重ねた。新しい教え方はないか、休みの日には30キロ離れた市の中心部の書店に通った。どんな生徒にもわかりやすく教えるということが目標となった。

３年間この学校に勤務し、その後会津地方の定時制高校に転勤した。そこには、昼間働き夜は学校で勉強する生徒たちが通っていた。准看護師として近くの病院で働く生徒や、建設作業員、工員、コンビニなど様々な職業についている生徒たちが、夕方になると食堂に集まってきて、そこで温かい給食を食べる。そこから４校時の授業を受ける。

すでに社会の荒波と向き合っている生徒たちは大人で、勉強に対する意欲も高かった。ここでもわかりやすい授業を心がけた。先生方も生徒を縛るのではなく、半分大人として扱い、自然に成長するのを待つというような姿勢であった。２年目から担任を持ち、卒業させるまでこの学校に５年間勤務した。困難な環境の中で、４年間通い通して卒業できる生徒は入学した生徒の半分ほどであった。しかし、この４年間で生徒は驚くほど成長した。この学校で学ぶということの重要さを実感することができた。

３校目にその地区の進学校に勤務した。初めの頃、自分の専門的な指導力不足を痛感した。そうした中で、当時の校長先生は「進みつつある者だけが教壇に立つことができる」と教員に話し、自己研鑽の必要性を教員に説いていた。私はこの言葉を「少しでも進みつつさえあれば、教壇で教える資格がある」と自分に都合よく解釈して、少しずつでも進歩していけばいい、と小さな進歩を積み重ねていくことを目指した。多くの先生方と出会い、刺激を受け、相当に育てていただいた。

初めの３校で教員生活を計18年経験した。この間、教員としての大事なことを学んだ。一つは「教える者として生徒の前に自らの存在を開くこと」。そうしないと、特に勉強に興味を持たない生徒は話を聞いてくれない。二つ目は「難しいことをわかりやすく教える」。難しいことを難しいまま教えることは誰にでもできる。難しいことわかりやすく教えるのは本当に難しい。三つ目は「いつもユーモアを忘れない」。ユーモアは常に人生の励ましである。

その後、教育行政も経験し、今、現場の校長としての初めての勤務を経験している。その中でリーダーシップとは何かということを考えさせられるが、今のところ私は、それは「つなぐ」ことだと考えている。

学校の組織が有機的に連関して力を発揮するために、いろいろなものを拾って「つなぐ」必要がある。それは「仕事をつなぐ」ことでもあり、「人をつなぐ」ことでもある。また「情報をつなぐ」ことでもある。そのための仕掛けを作っていこうと思っている。また先生方がそれぞれ必ず持っているいいところを拾って「つなぐ」ことも大事だと思っている。そうしているうちに有機的な組織ができるのではないかと夢想している。そのためには先生方とのコミュニケーションが欠かせないと思っている。「理想は高く、おもしろく、雑談含めてよくしゃべる」。これをモットーにしばらくは進んでいきたい。

リーダーはオーケストラの指揮者である

佐賀県立白石高等学校校長　**岸川美和子**

９年前、上司である女性の校長先生から「管理職にしか見えない景色がある、責任は大きいが現状に挑戦するやりがいもあるわよ」と背中を押していただき学校組織マネジメントに関わることになりました。

教頭として１年間、次の４年間は教職員課の健康管理担当主幹として行政を経験しました。その後、併設型中高一貫の中学校の校長として２年間学校経営に携わり、現在（教育センター所長）に至ります。９年間で実に多種多様の経験をさせていただいたと感慨深いものを感じます。管理職として残りの２年間を大切に勤め上げるためにも、今回いただいた機会を前向きにとらえリフレクションすることにしました。ここでは２つの任務について客観的に振り返り、その中で得た知恵や気づきを伝えることができれば幸いです。

１　教職員課健康管理主幹（４年間）

学校から行政への異動は、いろいろな意味で観念が覆され、自分自身が新たな任務に適応することへの挑戦でした。抱える業務もそれまで聞いたこともない健康診断審査会や県下の教職員と教育庁職員の健康管理、時間外勤務時間の調査・集計、労働安全管理体制の整備に関する業務、教育庁衛生委員会、産業医面接、職場巡視等々、まるで異次元の世界に飛び込んだかのようでした。しかし、同時に教職員はこれほど組織に支えられ守られているのだと気づき、学校教育への見方が変わったのも事実です。

私が健康管理担当に携わった４年間に、精神疾患での病気休暇・休職者は増加傾向に転じてしまいました。教職員がうつ病や適応障害などの心の病気になる原因は一つではなく、複合的な原因によるものです。多くの教職員がストレスを抱えている実態を知り、担当保健師と共に日々「予防的なメンタルヘルス対策」の推進に取り組みました。また今でこそ話題にならない日がない「教員の時間外勤務時間」に対する取組では、当時は該当する職員に対して産業医面接勧奨を管理職にお願いしても「希望者なし」という回答ばかりか、産業医の面接の時間を取ることの方がもっとストレスだと言われました。調査は形骸化している、もっと実効性のある制度作りが必要だと強く感じました。しかし、行政の仕事は思いだけでは実現できない予算取りという大きな壁もあります。すべての学校に資格を持った産業医を配置するためには超える山が数多くあり、医師会への依頼や調整にも奔走しました。

私がこの４年間を乗り越えられたのは、支えてくれた健康管理担当の「**チーム力**」のおかげです。チームで働くことの有難さに心から感謝しました。そしてこの任務を通して学んだものが二つあります。一つは「**調整力**」です。「調整力」は学校現場だけでは得難いものだったと思います。この経験はスクールリーダーにとって大いに役立つものです。もう一つは「**心身の健康に勝るものは何もない**」という至極当然のことを改めて学びました。

２　中高一貫校の中学校校長（２年間）

行政経験を経て次に管理職として勤務したのは併設型中高一貫の中学校でした。中高一貫校と言いながら高校とは２キロ近く離れているため、６年間を見通した教育の方針が生徒にも保護者にも働く教職員にも見えづらいことが大きな課題であると感じました。１年目はこれまでの伝統は継承しつつ、気づいたところや疑問点は自分の感性が新鮮なうちに方向性を探って、高校ともっと連携していきたいと考えました。中高一貫教育導入10年目の節目であり、次の10年を見据えて変わりたい、変えていきたいと強く思いました。

その一つが４月１日の職員会議を中高合同で行い、職員の意識を変えていこうと決めたことです。しかしながら義務制の先生たちに中高一貫教育の理念を理解してもらい意識変革を進めることは大きなエネルギーを要し、正直心折れそうな時もありました。一方で、人生で初めての選択をしてこの中学校に入学してきた生徒たちの「高い志」は大切に育てたい、中高一貫の高校へ進学することの意味をしっかり意識させたいと思いました。２年間、３年生全員と面談を行い、そこで共有した時間は私の宝であり変革の源でした。

「**リーダーはオーケストラの指揮者**」です。リーダーは、すべての教職員が異なる楽器を異なるタイミングで多様に奏でる音に耳を澄まし、そのずれを細かく調整し、絶妙なハーモニーに仕上げるために、腕を常に動かし目を引き付けておくことが何より大事です。日頃から一人ひとりに目配り、気配り、声かけを行い、職場環境を作ることが最良の組織づくりだと思います。

指導力は情熱と経験によって磨かれる

長崎県立対馬高等学校校長　**田川耕太郎**

1　教育の力

私たち教師は、採用されたその日から「先生」と呼ばれる。「先生」の役割の一つは、もちろん「教える（授業をする）」ことであり、教科指導力の向上は極めて重要なことである。しかし、先生に課せられた使命はそれだけにとどまらない。高校生は、疾風怒濤と形容される思春期の真っただ中にある。そのような中で、様々な悩みや葛藤、挫折や苦しみを抱いて、今何をなすべきかを見失っている生徒も少なくない。中には、自暴自棄になったり、自分の力に気づかず、誤った方向へ進もうとする者もいる。そのような時に、しっかりと生徒の懐に入り込み、その生徒の心に届く言葉で、適切に導いてやることが我々に課せられた使命である。目指すところは、生徒たちの潜在的な力を引き出し、成長を実感させ、夢を実現させることである。

このことを、痛烈に印象づけ、その後の教師としての在り方に影響を与える経験を採用１年目にした。赴任早々、副顧問をしていた野球部の生徒が喫煙で特別指導を受けた。謹慎指導後、練習に戻ってきたその生徒に、監督の先生は、生活面、練習面で厳しい指導をし続けた。元来、真面目とは言えないタイプの生徒であったが、次第に周囲も、この生徒の内面からの変化を感じるほどになっていった。迎えた最後の夏の大会、最終回裏の攻撃、２アウトでその生徒に打順が回ってきた。結果は、なんと逆転満塁サヨナラホームラン。ダイヤモンドを一周した生徒は監督のもとに走っていき、二人は涙を流しながら抱き合った。感動的な光景に直面し、教師の影響力の大きさ、教育という営みのダイナミックさを肌で感じた瞬間であった。現在、この生徒は３児の父親となり、小中学校でPTA会長を任されていて、この経験が自分を大きく変えたと今でも監督への感謝の気持ちを忘れない。私たち教師は、生徒のその後の人生に影響を与える極めて崇高な職に就いている。生徒たちの可能性を信じ、「まだやれる」「もっとやれる」と生徒たちの潜在的な力を引き出し、生徒の成長や夢を実現させる教師でありたい。

２　真のスクールリーダーとは

揺るぎない信念のもと実行力を発揮する人が、真のスクールリーダーである。このことを実感し、判断に迷ったときに思い出す事例がある。それは、私が１年学年主任を任された時のことである。当時の学級編制は、１年次は自然学級、２年次からは学力や進路に応じた習熟度別編制であった。習熟度の低いクラスに属する生徒たちは、自らのクラスを「ロークラ（Low Class)」と呼び、モティベーションや自己肯定感が極端に低くなることに多くの先生方が課題意識を持っていた。生徒たちの意欲の低下は、２年次以降の学級編制に原因があるのではないかとかと考え、学年会で協議し、職員会議に２年次の学級編制は文理別の自然学級とする案を提案することにした。原案は、学年の総意であり、年配の先生方も原案支持の発言をしていただいた。職員会議は臨時も含めて３回に及んだ。原案支持が数的に優勢な中、校長決裁の場面を迎えた。それまで沈黙を続けてきた校長は、毅然とした態度で「学習意欲や自己肯定感が低いのは、学級編制が要因ではない！　先生方の指導が生徒をそのようにしているのですよ。習熟度別編制は、上位にはより高度な学習を、普通クラスには、よりわかりやすい指導をすることで、すべての生徒に成長を実感させるシステムなんですよ。先生方の指導の在り方に改善を求める。よって原案却下！」とおっしゃった。全教員に衝撃が走った瞬間であった。２年後、従来通りの学級編制で卒業した当該学年は、過去最高の進学実績を収め、その後も数年間は右肩上がりの実績を収めることとなった。あの時の校長決裁の一喝は、すべての教員が自分たちの指導の在り方を見直す契機となった。私自身、生徒の成長を一番に考えていたつもりであったが、振り返ると、まだ甘かったと反省しきりである。職員会議は３回開かれたが、校長の判断は、最初から原案却下であったということを後日聞かされた。３回開かれた理由は、校長が先生方の考え方や指導の現状を把握したかったからということであった。教員の意見に耳を貸すとも振り回されず、確固たる信念のもと、学校が将来にわたり躍進するような決断ができる者が真のスクールリーダーであると、自らを戒める経験としている。

教育は信頼関係があってこそ成り立つ

宮崎県立門川高等学校校長　**永倉英了**

教育は、教師と生徒、保護者、また同僚教師との信頼関係があってこそ成り立つものである。教師が「この生徒を社会にとって有為な人間に育てる」と確信して生徒を日々指導し、生徒は教師を信じて努力することで人間的にも成長し、その成長を保護者が目の当たりにすることで指導した教師を信頼する。また、同僚教師もお互いの信頼関係があってこそ、協働で一つのことを作り上げげたり、安心して仕事を任せたりできる。このような信頼関係があって初めて教育は成り立つものだと思う。私が信頼関係を築くために心がけてきたことを述べてみたい。

1　担任として

ある先輩教師のクラスは、クラスマッチや校内合唱コンクールで常に上位入賞していた。その教師に指導のコツを聴いたことがある。「技術的な指導はできないし、していないが、生徒たちの練習に必ずつくようにしている」というシンプルな答えだった。そのことを聴いて以来、師弟同行ということを心がけてきた。読書の時間は一緒に読書をする、清掃の時間は率先して生徒がやりたがらないところをやる、集会時には生徒より先に行き整列を見守る、クラスマッチでは生徒と一緒に応援するなど、できる限り自分が生徒と行動を共にすることで、生徒は自分を良い意味で自分の仲間として信頼してくれたと思う。またこのことにより、授業やホームルームの時間とは違った一面を見せる生徒も多く、生徒の長所の発見にも大いに役立った。

また、担任した生徒の家庭訪問は、必ず行った。家庭訪問することで、家庭の雰囲気や家族環境、生徒の家庭での様子をよく知ることができた。ある校長先生は、一番遠くから通っている生徒の思いを知るために、自らも20㎞近い道のりを自転車で走られたそうである。学校と家庭では全く違う表情や態度を見せる生徒も少なからずおり、生徒理解に大いに役立った。そして、保護者や地域の方々など、生徒に期待を寄せたり愛情を注いでくれている人たちの思いを感じることで、「大事な生徒を預かっている」と再認識することにもつながった。生徒を指導する際も、生徒をここまで育ててくれた保護者の顔を思い浮かべながら指導した。

２　主任として

学年、生徒指導部、教務部の主任をさせていただいた。特に学年主任として１年から３年まで持ち上がる中で、組織として仕事を進めていくことの基本を学んだ。それは、①情報を共有すること、②新たな取組を始める際は学年団全員で議論し全員の納得解を見つけ出すこと、③決めたことは必ず全員で実行すること、④改善すべきところを積極的に出し合ってよりよいものにすること、である。当たり前のことばかりであるが、担任、副担任及び学年所属の教員で約30名の学年団だったので指導のベクトルを一致させることは非常に重要であった。自由に意見が言えたり、気持ちよく仕事ができる雰囲気をつくることは主任の大事な役割と思う。意見が割れて判断に迷うときは、最後は常に「生徒にとってどうか」を考えて判断するようにした。

人材育成という点では、職員の役割が固定化しないように気をつけた。適材適所という言葉があるが、私は「適所適材」が人を育てると思う。経験したことのない仕事をあえて任せることでその人の新たな可能性や能力が発揮できることも多く、そのことが大きな自信と経験につながると思う。

３　教頭・副校長、そして校長として

教頭・副校長を６年間務めた。特に心がけたのは、①校長に生徒や職員、校内の様子の情報をできるだけ知らせること、②先生方からひろく意見を吸い上げることの２点である。校長となった今、できるだけ授業を見学したり職員室を覗いているが、普段の生徒たちの雰囲気や職員室の雰囲気、人間関係などを細かく把握するのは難しいと感じている。校長は時に重大な判断を迫られる。正確な情報や先生方の意見を参考にしながら、これまでの経験や知見を総動員して、冷静に判断する必要がある。そのためにも、教頭・副校長の果たす役割は大きい。

リーダーとして学校のビジョンを示すことは大事である。どのようにして校長としての考え方を先生方に示すか。重要な局面での的確な判断によって学校の向かうべき方向を示すことのできる校長でありたいと思う。

「和」をつくる

山口県教育庁高校教育課教育調整監　**中市妃佐代**

私は、教諭研究指導主事、指導主事、教頭、副校長を経て現職に至ります。この間、生徒一人ひとりの夢の実現に向けて、社会の変化に対応しながら主体的に未来を切り拓く力の育成に努めてきました。様々な出会いや実践をとおして学んできたことを、管理職の職務内容の視点から振り返りたいと思います。

1　危機管理

教頭職に就き、初めて職員室中央の席に座った時のことを今でも鮮明に覚えています。教務部長、生徒指導部長とあいさつを交わすや否や電話が鳴り、「子どもが部活動で怪我をしたと聞いたが、どうなのか」という問い合わせでした。着任したばかりの私には、当該生徒はもちろんのこと、先生方の名前もわからない中、職員室内の先生方は誰も怪我等の連絡を受けていない状況に、教頭として緊張が走った瞬間でした。数分後に保護者の勘違いであったことがわかり、ほっとするとともに、教頭職に就くにあたり、以前お世話になった校長先生（当時の教頭先生）から、お祝いの言葉とともにいただいた「危機管理は教頭の重要な仕事である」という言葉を実感し、身の引き締まる思いでした。以来、様々な情報を先生方と共有し、問題にいち早く気づき、迅速かつ適切に対応することができるよう、①明るい挨拶や声かけによる話しやすい職場づくり、②先生方の会話や学習・部活動指導等の様子を観察、③先生方から相談等を受けた時はしっかり話を聞いて丁寧に対応、④平素から最悪の事態を想定しながら対応策を検討するなど、生徒が安心・安全に学校生活を過ごすことができる学校づくりに努めています。

2　学校運営

学校教育目標を全教職員と共有し、「チーム」として組織的な運営体制を整える要（かなめ）は教頭・副校長です。私はこれまで、「和を以て貴しとなす」を座右の銘として、クラス経営や学科運営に取り組んできましたが、学校運営においても同じことだと思っています。まずは、校長を中心とした管理職が信頼し合い、同じ判断を示すことができるよう常日頃から対話をすることが大切です。教頭時代には、常に校長室に行き、生徒や教員の様子を報告したり、学校が抱える課題の解決策について話し合ったり、新たな教育課題への対応について教育行政で得た知識や人脈を活用して収集した情報を基に本校に適した対応策について相談したりしていました。校長先生は、いつでも私の考えや対応を聞いた上で、一緒に考えながら指導助言をくださっていました。この御指導のお陰で、先生方に教育ビジョンの具現化に向けた計画等を示すとともに、教頭が主催できる委員会を活用して、教育課程の見直しや分掌の統廃合など学校が抱える課題や業務改善等について協議を重ねながら、各協議内容を各分掌の話し合いにつなげていくことで組織的な運営体制を整えることができ、学校が「チーム」として動き出すことを実感しました。

３　教職員の人材育成

OJT が機能するよう校内分掌を整えることはもちろんのこと、学校に機動力と活気を与える人材を育成していくためには、適切な時期に、適切な仕事を任せることが肝要です。まさに、山本五十六さんの次の言葉です。

「やってみせ、言って聞かせて、させてみて、ほめてやらねば人は動かじ
話し合い、耳を傾け、承認し、任せてやらねば、人は育たず
やっている、姿を感謝で見守って、信頼せねば、人は実らず」

私自身、「産業教育・理科教育において指導的立場にある教員の派遣研修」や教育課程研究指定校事業、全国高等学校家庭科技術検定本部委員会研究評価委員等の機会をいただき、大学教授や他県の先生方と様々な協議や実践、大会運営等に取り組むことで得られた知識・技術や人脈を生かしながら、教科指導に取り組んだり、学科主任として学科改変や学科運営等に取り組んだりした経験は、キャリアステージごとに求められる資質・能力の向上につながったと思っています。各役割を任された時は不安でしたが、教頭・校長先生からいただいた「あなたに任せたい」という言葉に、自分に対する期待を感じ、懸命に取り組んできました。教育行政や管理職に進む時も同様に、信頼していた上司からの期待を込めた言葉は大きく、現在に至ります。

このことから、現在は、私自身が信頼される管理職となれるよう自己研鑽に努めるとともに、先生方の取組を把握した上で適切な時期に適切な仕事を任せ、進捗状況を確認しながら称賛やねぎらい、指導助言に努めています。

信頼される校長であるために

福島県立須賀川高等学校校長　**森下陽一郎**

1　教員である動機付け

小学校までは、実家の玩具業を継ぐつもりだった。では、なぜ教員になったのか。振り返ると、教員である動機付けは年代に応じて変容している。

高校時代　　あこがれ、自身に合った、自身を生かせる職業だから
大学時代　　友からの勧め、自身の専門性を生かしたいから
教員若年期　生徒の夢を実現するための一助となりたいから
教員壮年期　感謝の念。お世話になった方々や社会への恩返しのため

時に私は「なぜ教員になったのか」を自問自答している。過去の経験の積み重ねの上に、また新たな動機付けが見つかるかもしれないからである。

2　憧れと情熱

小学校入学以来、私は「先生」と呼ばれる方には本当にお世話になった。「教育によって人は変わる」と聞くことがあるが、心底そう思う。「教育による人の変容」が私の教員として働く原動力である。

小学校低学年、私は問題児だった。父親から叔母に宛てた当時の手紙には、学校や家庭での私の「悪ガキぶり」が描写されている。しかし、そのような私に対して、先生方は本気で叱ってくれた。「情熱」を感じた。そして今、恩師と同様に「情熱」を持った教員でありたいと常に思っている。

3　本気で謙虚に

私は恩師から学んだ「情熱」、すなわち「本気で取り組むこと」を常に意識している。生徒は「本気」かどうかに対しては敏感である。また、教員には「謙虚さ」が大切だと考える。時に謙虚になれるか否かは大事なことだと思う。

教頭時代、生徒が主体的に学ぶ授業構築のために授業改善を行った。謙虚で貪欲にという気持ちの現れが、評価されているのではないだろうか。

4　自分を伸ばすために

私は、関わる生徒、教職員に対して、平等に接することを心がけている。

２校目の学校で、担任を務めるクラスの女子生徒から、「平等」に接することに対して評価されたことがある。生徒はしっかり見ているのである。

進路指導主事を務めた県内でも屈指の進学校において、まれに就職関連の訪問があった。就職希望者がいないので、面会を断ることもできたが、私は会って話を真剣に聴いた。今後の関わりを考えたとき、教員として自然と丁寧に、謙虚になっていく。

また、私は、相性が悪い人ほど大切にしようと考えている。「自分にないもの」を有する可能性があり、色々と学べるからである。

「平等」と考えることが、自身をさらに次のステージへと引き上げているのだと思う。

５　他者評価とメタ認知の観点から

知人（大学関係者）からの評価によると、私は「バランスがいい」ということだった。「何事にも対応できる」という評価である。自身では意識したことはないが、「何事にも一生懸命に取り組む」ことが、そう評価されたのだと思う。「何事にも平等に」という考えが転じて、結果として「何事にも対応できる」という、自身の最大の強みになったと考える。

６　これからも常にマイベストで

どのような職場でも「何事にも一生懸命に取り組む」、すなわち「マイベストで取り組む」ことで、自身の可能性を広げているのだと考えている。しかし、管理職としては業務に対して、「さらに精度を上げていく」ことも必要であり、現在は迅速かつ丁寧な業務遂行を心がけている。もちろん、失敗も多数あるが、失敗の検証を確実に行い、自身の完全な経験とした上で、前へ進むことを考えている。

指導主事や管理主事として教育行政に関わることもあったが、多くの方々と共通理解を図ろうとするとき、立場として「丁寧」な対応は最も大切なことであった。その経験を現職でいかに還元できるかが課題である。

お世話になった方々への恩返しのためと、自身の今までの経験を生徒や職員、そして組織に還元していくこと、すなわち「マイベストで取り組む」ことが、私の働くことの動機付け、さらなる伸長につながっていると考える。これからもマイベストで何事にも臨みたい。

私の中の“キャリア・アンカー”

山口県立大津緑洋高等学校大津校舎副校長　**山口一成**

これまでの教員生活の中で、諸先輩方から多くのありがたい教えをいただき、それらを胸に現在の職務遂行に努めている。そのうち、以下の5つを「キャリア・アンカー（業務遂行において大切にし続けたい拠り所）」として紹介させていただき、私自身の取組姿勢を今一度振り返るとともに、これからの学校経営において中核を担うミドルリーダーおよび若手教員のみなさまと少しでも共有できれば幸いである。

1　先憂後楽

私が30代だった頃、当時の校長が退職される際に、色紙にしたためて贈ってくださった言葉である。当時、教科指導や部活動指導等に“まっしぐら”に取り組んでいた私に、「リーダーたるもの、人よりも先に憂い、人よりも後に楽しむもの」という、大局的な視点で教育活動に取り組むことの大切さを示していただいた。それはすなわち、学校経営者としての心構えを初めて説いていただいた瞬間でもあったと言える。日々押し寄せる目の前の業務に局所的視点で取り組みがちな時こそ、「先憂後楽」の心をもつことを心がけたい。

2　決断したのは自分自身

40歳を迎え、教育センター勤務となる転機が訪れた。それまでの教員生活においてあまり経験のない分野の業務を担当することもあり、当初は戸惑いの連続であった。仕事が計画通りに進まないことに焦りを感じ、「なぜ自分がこの業務を担当するのだろうか」と、心の中でどこか言い訳めいたものをつぶやくようになっていた。ある時、そんな私の思いを先輩職員に吐露した時、次のようにピシャリと言われた。「最終的にやると決めたのは誰ですか。あなた自身ですよね。だったら覚悟を決めてやりなさい」と。誰かに言われたから仕方なく取り組んでいては、本気でその業務と向き合うことから逃げてしまっていることになる。「決断したのは自分自身」だと覚悟を決めることで、仕事に対する責任感や本気度が増すことを痛感したのである。

３　Planned Happenstance（計画化された偶然）

教育センターで３年間勤務した後、兵庫教育大学教職大学院で２年間学ぶ機会を得た。その中で、スタンフォード大学クランボルツ教授提唱のこの言葉に出会った。この理論によると、個人のキャリア形成の８割が予期しない出来事や偶然の出会いによって決定されると考えられている。つまり、教育センター勤務についても、自分の経験不足の業務を担当することで、教員としての幅を広げ、今後の人材育成に力を発揮できるよう、計画化されたものではなかったのか。また、派遣の機会を得たのも、全国の教員と学びを深め、管理職としての成長が期待されているからではないか、と思えるようになった。何事も偶然のように思えて、そこには意図があるのだと思えてくると、環境の変化をステップアップの機会へと変えていくことができると思う。

４　巧遅拙速

派遣研修終了後、学校現場に戻り、教職大学院での学びを還元することに奮闘していた。会議に向けて資料を作成している時、当時の校長から、「○○の資料の進み具合はどうなっているかな」と聞かれることがあった。私は、少しでも丁寧な資料を完成させてからお見せしようと思い、「今、作成中です」と答え、時間だけが過ぎていった。すると後日、校長から次のように教えていただいた。「『どうなっているか』と聞かれた時は、完璧でなくても、スピーディーな進捗状況の報告を求めているのだよ」と。それ以降、完璧な資料作りに時間をかけるよりも、まずは迅速で的確な第一報に努めている。

５　ホウレンソテー（報告・連絡・相談＆提案）

教頭として２年間勤務した前任校では、１年目は高校時代の部活動の恩師である校長の下で、２年目は私が初任の頃から御指導いただいている校長の下で、まさに“Planned Happenstance”ともいえる出会いに感謝しながら、管理職としての在り方を学ぶことができた。このお二人の校長から共通して助言いただいたことは、“ホウレンソテー”である。つまり、「ホウレンソー（報・連・相）は当たり前。それに加えて提案する力が必要」だということである。校長へ相談するときは、「校長、どうしましょうか」ではなく、「……してはどうかと考えますが、いかがでしょうか」と提案できるよう、心がけている。

これまでの「自分」、そして、これからの「人たち」へ

宮崎県立宮崎西高等学校副校長　**篠田俊彦**

1　はじめに

私自身が普通科高校の勤務だけで今に至ってしまい、その視点でしか教育を語ることができないことに後ろめたさを感じている。したがって、視野狭窄的になるかもしれないが、これまで大切にしてきたこと、管理職としてこれから大事にしていきたいことなどについて述べてみたい。また、せっかくこのような機会が与えられたので、今後は校種、職種等を問わず、全国的な人脈を幅広く作り、管理職としての視野を広げていきたいと思う。

2　「授業はすべての教育活動の土台」

「数学の授業がしっかりできるようになれば、生徒指導の場面、進路指導の場面、両方ともうまくいく。授業で尊敬されない人が『シャツを入れなさい』と言っても生徒には響かないよ」。これは、私が初任１年目の時に、先輩教師からいただいた言葉である。それ以来、授業をとおしての人間教育に試行錯誤を重ね、心血を注いできたつもりだ。

平成22、23年の熊本県立熊本高校での勤務経験は、改めて授業に対する価値観や学校文化等について考えさせられた。「この発問をすれば絶対彼は起きるだろう」という深い教材研究と発問の質とタイミングで勝負される先生。また、日替わりで生徒を選び、その生徒だけとのやりとりの中で授業を展開。大方の生徒は無視された状態であるが、実はその２人のやりとりを見ながら、明るく爽やかに深く学んでいる（実はどの生徒も指名を心待ちにしていた）。

主体的・対話的で深い学び、アクティブ・ラーニング、カリキュラム・マネジメント、３つの学力とその評価等、いつの時代においても授業に関わる話題が尽きることはない。それゆえ、授業についての見識を広げ、時にはわかりやすく、夢や理想を語れるリーダーになりたいものだ。

3　「むずかしいことをやさしく、やさしいことを深く、深いことを面白く」

平成６年全国初の中高一貫校「フォレストピア学びの森（後の五ヶ瀬中等教育学校）」が開学した。初年度は中１生、高１生のみで全寮制の学校はス

タートした。舎監の経験では、日中の顔色で生徒のすべてを理解し自信満々に指導していたそれまでの自己を振り返ることができた。それからは、生徒に対して敬意を払いつつ、「決して押しつけるのではなく、自然に、さりげなく助言していく中で、間違いがあれば、柔らかく諭していく」ことを覚えた。

以前よりも増して社会は複雑化し、教育課題も困難を極めてきているが、組織は人々によって成り立ち、学校は地域に生かされている側面を持つ。管理職になってからは生徒のみならず、同僚、保護者、地域の方々に対して、まずは敬意の念を忘れず、謙虚な姿勢で臨むように努めている。

冒頭の言葉は、先の学校を離れる際に尊敬する先生からいただいた井上ひさし氏の言葉である。職務上、他者に対して指導、助言する場合の「柔らかく諭す」際の座右の銘にしている。

４　「可能性２％のミッション」

ミドルリーダーとしてお仕えした当時の校長には、凛とした雰囲気があり、仕事に対しても妥協を許さない厳しいお人柄であった。よく校長室に呼ばれては、これまでの自己の教職経験のことや主任としての在り方、これからの学校の方向性についてご教授いただくことが多かった。いつのまにかその校長のために「仕事をしたい、喜ばせたい」と思うようになり、当時は首長レベルでないと難しいとされていたミッションを買って出てしまった。可能性わずか２％であったが、それまで培ってきた人脈ネットワークを生かし、根気強くあきらめず取り組むことで、ミッション達成の可能性はそれでも20％くらいにしかならなかった。校長室にその報告に行くと「20％もあるのかぁ！」と椅子から立ち上がり、握手を求められ、私の胸は熱くなった。

部下に仕事を任せる意味やその覚悟、仕事を通しての共感力の大切さや管理職として持つべき胆力等を学んだ瞬間であった。改めて「やる気スイッチ」が入り、そのミッションはやがて達成されたのは言うまでもない。

かくありたし……。修養の道はこれからも一生続く……。

５　最後に

ある年齢になると、自分のやりたいことを自分が決めるのはなく、周りが決めるようになる。その時どう決断するかでその後の豊かさは変わる。

教師の学びは終わらない

沖縄県立読谷高等学校校長　**仲宗根　勝**

1　はじめに

平成元年に採用されて以来、教職経験は本年度（令和２年度）で32年目となる。教諭、行政、教頭、そして現在の校長と、それぞれの時代の教育実践等を簡単に振り返りたい。

2　教諭時代

教諭時代に特に力を入れて取り組んだことは、自分の専門教科である「英語」の「授業力向上」と「英検１級合格」であった。教師は「授業で勝負する」と言われるように、「授業が命」である。英語教授法に関する様々な出版物を読んでは、使えそうな技法等を授業で実践した。自分自身の英語力向上においては、英検１級合格に向けチャレンジした。４・５回ほどのチャレンジで合格できた。検定試験は不合格であっても、受験を諦めずに自分の弱点・課題を克服し何度でもチャレンジし続ければ絶対に合格できると信じ受け続けた。教諭時代に心がけていたことは、「教師自身が学び続けることが大切である」ということであった。アメリカの図書館長・博物館長であったジョン・コットン・ダナの「あえて教える道を選んだ者は、学ぶことを止めてはならない」という格言があるが、教師の学び続ける後ろ姿を学習者である生徒たちに見せ続けることは、重要な教育実践だと考える。

3　行政時代

学校現場は、目の前の生徒や保護者への対応等、ある意味、実践的であり、理論通りにはいかないこともあるが、行政は、国や県の施策、法律に照らし合わせて理論的に行わなければならない。そのバックグランド、根拠が法律であり、行政施策だということを強く感じた10年間であった。行政時代、私がモットーとしていた格言は、吉川英治の「我以外皆我師也」であった。心がけ次第で、自分以外の人たち、すべてから、何かしらのことを学べると痛感した。現在でも好きな言葉の一つである。

４　教頭時代

教頭として、各教師の授業力向上等、校内研修を充実させることは必須だが、私が特に力を入れた取組は、魅力ある学校づくりとして、「学校情報の発信と広報活動の充実・強化」であった。近隣中学校への「学校説明会」にすべて参加することはもちろん、教頭として「学校だより」を毎月発行し、校内掲示や生徒・保護者への配布に加え、直接、近隣中学校へ持参し、掲示を依頼した。また、生徒の活躍を記載した「横断幕」を年間40本以上作成し、学校周辺に掲示し、地域へ積極的にアピールした。その他、「学校案内ポスター」も２種類作成した。このように、地域の中学生や保護者から本校へ「行きたい」「行かせたい」と思えるような仕掛けづくりに力を注いだ。

５　校長時代（現在）

教頭時代と同様、校長として教師の「授業力向上」や近隣中学校への「学校説明会」への参加、「学校だより」「学校案内ポスター」の作成及び中学校への直接の配布等を実践している。校長となり、新たに実践していることは、教育学者であった森信三の「場を清め、時を守り、礼をつくす」の言葉を生徒に実践させることである。その一環として、私は４月から毎朝７時から８時過ぎまで、正門前で生徒一人ひとりに「朝のあいさつと声かけ」を実践している。一人ひとりの顔を見て、大きな声であいさつし、時には、進路の話や部活動のこと等、声かけを行っている。

６　おわりに

現在、学校現場は、「大学入学者選抜改革」や「働き方改革」等、改革の真っただ中である。グローバル化の荒波にさらされ、時代に応じて「変化」することも大切だが、「不易と流行」という言葉があるように、いつまでも変わらない確固たる「不易」も大切である。我々教職員が決して変わってはいけないもの、それは「教育への情熱」「子どもたちへの愛情」、そして「教師自らも学び続ける」姿勢だと考える。そのことを今後とも、教職員に伝え続けていきたい。

バトンをつなぐ～後輩の女性教員へ～

青森県立青森高等学校教頭　**千葉栄美**

平成元年から始まり、30年以上に及ぶ私の教員生活で、担任を経験したのはわずかで、卒業生を出したのは１回のみ。初任の小さな分校では、何度希望しても担任を持たせてもらうことはなかった。「こんな荒れた学校で、女性が担任なんて無理」という時代だった。20代後半に結婚してからは希望することすらできなくなった。30代は育児と介護であっという間に過ぎていった。定時で自宅に帰り、部活動も第二顧問ばかりを務めた。

長男が小さかった頃は熱を出しては休みをもらうことが多かった。ある朝、ぐずる息子を保育園に預け勤務していると、保育園から「おたふくのようなので、迎えにきてほしい」と電話があった。すぐに帰宅する準備をし、教頭席に向かった。私の中では生徒や職場に対して申し訳なく思う気持ちと息子の体調を案ずる気持ちが複雑に入り混じっていたのだと思う。これから帰ることと、しばらく休まなければいけないことを教頭に伝えている最中に意図せず涙が溢れた。卒業式以外で学校で泣いたのは後にも先にもこの１回だけである。自分自身でもびっくりしたけれど、たぶん教頭の方が驚いたと思う。すぐに後を追ってきて言われた。「順番だよ」と。教頭もお子さんが小さかった頃、奥様が仕事を休むことが多かったとのこと。でもそんな時代はやがて過ぎていく。大変な時はたくさんの人に助けてもらえばいい。そしてそんな時代が終わった後は「今度はあなたが周りを助ければいい」と言われた。たぶん、この時のこの一言がなければ、あの時頑張ることも、今こうしていることもなかったと思う。それからは休むことへの変な罪悪感はなくなり、そして「いつか学校に、周囲の先生に恩返ししよう」ということが内なる目標となった。

別の学校に転勤し、少し子どもの手が離れた頃、担任経験が極端に少ないにもかかわらず「学年主任をして欲しい」と教頭から言われた。その頃子どもは２人ともまだ小学生で、引き受けたら家族や周囲の先生に迷惑がかかると感じていた。まして、当時勤務した学校で女性の学年主任など見たことはなかった。自信がなくて断ると教頭は「君ならできる」とか「大丈夫」ではなく「断られたら、校内人事が全部狂う」と言った。さすがに受ける以外にはなくなった。当時の教頭はどこかで「本当は主任にも挑戦してみたい」と思っている私の心をわかっていたのだと思う。この時「人を育てる」ということの本当の意味を私は学んだ。教頭には「女性なのに大変だ」と言われたことも、特別配慮してもらったこともなかったように思う。そのかわり当たり前のように一人の教員として本気で「育てて」もらった。教科指導をしっかりやることの大切さも、生徒や保護者一人ひとりに向き合う意味も、同僚の先生をサポートする方法も、そして何よりチームで働くことの本当の楽しさもすべてこの時学んだように思う。見ていてくれる。褒めてくれる。そんなシンプルなことがどれだけ仕事をする上では力になるのかを学んだ。

その後は長く進路主任を務め、教頭になる前の２年は教務主任となった。初めて教頭席の近くで教頭の仕事を見た。毎日先生方から持ちかけられる様々な話、それは仕事のこと、個人的なこと、相談、苦情だったりもした。その一つひとつに教頭が丁寧に対応する姿を一番近くで見た。教頭とはこんなに大変な仕事なのかと思った。そして、そんな仕事に守られてここまで自分が働いて来られたことに気づいた時、次は自分がその役を果たす番なのだと思った。

教頭になり、私はようやく巡ってきた「私が周りを助ける番」を担うべく毎日必死に過ごしている。生徒の担任はなかなかできなかった教員人生だったが、今は「職員室の担任」をさせてもらっていると思う。個性的で能力の高い先生方がそれぞれの力を発揮できるように見守り、助け、ともに進んでいる。子育てとの両立に悩んでいる後輩の教員がいたら伝えたい。「順番だよ」と。焦らず、たくさんの人に助けられながら、今自分にできることを必死に探して欲しい。そんな姿を見ていてくれる人がきっといる。そんなあなただからこの先できる仕事がきっとある。社会は多様性に満ちている。生徒はやがてそんな世界を生きていく。学校も教員集団もまた多様性があってしかるべきだと思う。助けたり助けられたりしながら、弱さを隠さず、やさしさ忘れず、他者を認め、バトンをつないでいけたらいいと思う。

人に学び、人と育ち、人を敬う

福岡県立須恵高等学校校長　**荒木礼子**

私は、教育委員会等での行政経験もない、高校現場しか知らない一介の管理職である。これまで私は教頭、副校長として複数の学校に勤務し、多くの校長からご指導をいただいた。その中でも特に影響を受けた校長は、穏やかなお人柄ながら、難しい決断が求められた際には、「最後は私が責任をとりますから」と毅然と発言され、組織のトップとしての覚悟を示された。そして、常に周囲の教職員を信頼し、的確な指示を出して困難な業務をいくつも遂行された。私は校長の力強い言葉を聞くたびに、校長が責任をとるような状況にしてはいけないと思い、そのためには、自分の責任で何をどのようにどこまでやればよいのかと常に考え、そして行動することを心がけた。それらの経験を通して、管理職として実に多くのことを学んできたといえる。

特に私が苦心したのは、校長に判断を仰ぐ前の段階で、現状を正確に把握し、問題点を整理し、可能な対応策を検討することであった。それぞれの段階で的確な判断を素早く行うことが求められる。例えば、何か問題が生じた際には、現状把握のための情報収集をするために、担任、顧問、教科担当、生徒、中学校、保護者、担当医、スクールカウンセラーなど、様々な人たちを対象として、いつ、誰が、誰に、何を、どのように、どこまで聞くかを事案に応じて判断をしなければならない。その学校に勤務して日が浅い場合でも的確な判断が求められる。私は、何か問題が起こると、すぐに主幹・主任を通して管理職への一報を徹底させ、その日のうちに関係者会議を開き、今後の方針を検討し、組織的に動くことに重点を置いている。そして、その一連の動きを通して、各先生方が自立的に行動し、組織が一体となって問題解決に取り組めるようになることを心がけている。私自身はつい自分から動いてしまう性分なので、初めは思うように進まずにもどかしく感じたこともあるが、情報を共有し議論を重ねる過程で、多くの知恵を集め、よりよい判断をすることができるようになった。管理職の仕事は、指示・命令するばかりではなく、自ら考え行動する教職員を育て、組織全体の力を引き上げることが重要であるのを学ぶことができたと思う。

また、私は、先生方から「自分も管理職として頑張りたい」と思ってもらえるような存在でありたいと考えている。管理職は、責任ある仕事であるからこそやり甲斐と未来がある、そして多様な出会いを通して人間的に成長できる魅力的な職である。しかし、私自身、日々の業務に追われ、悪戦苦闘する中で、本来の役割が十分に果たせているのだろうかと自戒する時も少なくない。特に学校全体の課題や目標に向けて、教職員全体の意識のベクトルが同じ向きになるように働きかけるとき、苦労することが多い。これには、的確な研修や協議を的確な時期に関係教員に担当させ、当事者意識を持ってもらうのが非常に有効である。研修課は全体を集約するだけで、企画・運営は分掌や学年、委員会等に任せるなど、干渉し過ぎず、担当者を信頼して任せきることが何よりも大切である。

さて、冒頭に書いた校長からの教えについて少し触れたい。ある日、校長室に伺ったとき、机の後ろにあった色あせた１冊の本に目が留まった。その本は森信三先生の『修身教授録』であった。国民教育の父と呼ばれた教育哲学者である森信三先生は「教育とは流れる水に文字をかくようなはかない仕事である。しかし、生徒の心に点火するための厳粛で崇高な仕事なのである」という言葉を残している。この言葉についてその校長と話した時に、次の教えをいただいた。

1　生徒にとって何が大切か、迷ったら生徒のことを考える。
2　先生方に仕事を任せるだけではなく、任せきることが大切である。
3　人の悪口は絶対に言わない。

これに加えて、「相手に安心感を与えるため、早口にならないよう気を付けなさい」との指導も受けた。とても有難く、今でも心から感謝している。

私は教諭時代、生徒たちに、「学べよ、学べ、いざ学べ」と鼓舞し、卒業式では「感動は人を動かし、出会いは人を変える」という言葉を贈ってきた。私自身、多くの人々との出会いを通して学び、成長させていただいた。これまで、担任、主任、教頭、副校長と様々な役職を務めてきたが、この様々な経験をとおして感じることは、「人に学び、人と育ち、人を敬う」ことの大切さである。これからも、人との出会いに感謝し、常に学び続けていきたいと思う。

「置かれた場所で咲きなさい」を胸に

鹿児島市立鹿児島玉龍高等学校教頭　**酒匂恵子**

新設校への異動が決まったとき、これまでに経験のない不安で「私がここに赴任する意味は何か」と必死に考え続け自分なりの答えを出した。その答えが正しいと信じて、できる限りの力を注いだつもりだ。卒業生を出し、一区切りのタイミングで管理職になることとなる。同じように「私が管理職になる意味は何か」と考えたが、なかなか答えらしきものが思い浮かばない。今回、それを考える機会をいただいたと思い、自分のこれまでと今後について考えてみたいと思う。

平成30年、新米教頭としてスタート。年度初めの事務処理に追われながら、立て続けに起こることに対応することで精いっぱい。そんな中ながら、数学科の先生方に頼まれ、生徒の添削も持たせてもらい、充実した毎日を過ごしていた。ある日、長いこと進路指導に関わってきた経験で生徒向けに講師を呼び、その対応で席をはずしていたときに、教頭として対応しなければならないことが起こった。すぐに対応できなかった私に、校長からの一言は「進路の仕事は進路に任せておけ」。

私にとって、「管理職とは……」と考えさせられるタイミングの一つとなる。そういえば、これまで任せられた仕事を必死にやりながら、その中でいろいろなことを学び、考えてきた。自分の経験と、今の学校の課題と、今一緒に働く先生方の思いをいかに結びつけていくか、そして任せることが、今の私にすべきことではないか。

新米教師の頃、教務の仕事では、教務主任の綿密な仕事ぶりと部活動の指導とのメリハリのつけ方にあこがれた。担任団の連携を大切にする学年主任の、新米担任の私の小さな意見でも、どんな些細なことでも耳を傾け、よいと思うことはすぐに行動してみる姿勢に救われた。母校での生徒指導の仕事では、生徒指導とは生徒会など生徒の自主性を育てるという重要な面を持つこととそこに関わる醍醐味を味わった。離島での勤務は、教育熱心な地域や保護者に支えられながら、生徒の目を外に向けさせることにみんなで力を合わせた。進学校では、全国の先生方と交流を持ち、生徒の可能性を最大限に引き出すことに熱中した。新設校では、次々と押し寄せる課題に皆で知恵を出し合い対処してきた。

このような経験や、先輩・同期・後輩から学んだこと、一緒に考えたことが、私の財産である。そのときどきに悩みながらも挑戦してきて良かったと思っている。今、この瞬間に与えられている仕事、やるべき仕事に精一杯向き合っていれば、そのことが必ず活きる場面が現れてくると信じている。

そして、こんなことも考える。私自身、担任として、学年主任として、進路指導主任として経験した様々なことも含めて、自分の教師経験を振り返ると、一生懸命に生徒に向き合う仲間に恵まれてきたことも大きいが、その私たちを同じ方向に向かせ、任せてくれた当時の上司の存在もまた大きかったということだ。自分自身が感じてきた上司の大きさを自分も持てるようになりたいと思う。先生方のエネルギーを一つの方向に合わせられる職員室のリーダーでありたいとも思う。そのためにも先生方とよく話し、自分なりの判断をしていきたい。答えが見つからない問題でも一緒に考え、不安にさせないようにしたい。これまでの学校における様々な仕事経験を管理職の立場で考えてヒントとしていきたい。

しかし、現実はなかなか難しい。一つのことにじっくりと取り組む間もなく、次の案件が飛び込んでくる。頭の切り替えが必要だ。苦情を受けるときは、自分自身の心が痛む。自分自身の心のバランスを取りながら冷静に判断し対応していけるよう努力しなければならない。私自身が悩み経験してきたことと同じようなことを今後経験する先生方に少しでも自分の経験が活きることを信じ、生徒の自立を目指す学校という場所で、力を合わせていきたい。さらには、働き方改革や高大接続改革をはじめとして「学校」に求められる課題はあまりにも多すぎるが、そこにも教頭の力が重要なポイントとなるだろう。しっかりと先を見据えて考えていきたい。

目の前の階段をまず1段登ろう

沖縄県立名護高等学校校長　**辻上弘子**

1　学年主任時代

いわゆる進学校に勤務しており「教師は授業で勝負する」を座右の銘にしてきたので、生徒の力を伸ばすことにおいては、多少なりとも自信のあった教員時代。特に職員間での連携を意識したこともなければ、一番の関心事は学級での行事であり、模擬試験成績の推移であった。対生徒とは別にして人と話すのは得意ではなく、独りが好きで静かに読書に励みたいタイプであったので、学年主任に任命された時はどうしたらよいものかと大いに困った。しかしこのまま協調性なしで良いはずもなく、覚悟を決めるしかなかった。学年主任になって1年目「辻上先生変わった」がこれまでの私を知る先生方の格好の話題ともなったようである。その間任命前から決まっていた文部省の2か月のニュージーランドでの海外派遣研修に参加させてもらい、大学講義等で全国からの精鋭に揉まれながら異国生活も味わえた。3年間持ち上がりの学年主任では、教頭先生と教務主任に指導助言していただきながら過ごし、結果4年間を経験させていただいた。学年団で一致団結し、ベクトルを一つにして進んでいく楽しさに開眼したこの地点こそが、本物の教員になるべく私の歩む姿勢のすべての根源であったろうと今でも思う。

2　教頭・行政時代

行政経験なしでの管理職で、普通高校2校4年を経験させてもらった。学年主任時代には当然のようにあった「皆で頑張ろう」「おー」の応酬が、意外と難しいのだと実感し、多少の戸惑いを感じながらスタートしたのを覚えている。しかしながら各部・学年主任が実に協力的であったお陰で、校長の経営方針に沿った職員とのパイプ役がなんとかこなせたかというよちよち状態であった。1校目でありながら校長の強い薦めでありがたくも中央研修に参加させてもらい、全国からの力ある教頭方に刺激を受けた。退職された方もいるほど昔からのこの付き合いが今でも続いているのには自分でも驚くし、ありがたい。また学校によりそれぞれのカラーがあるのは当然で、生徒が違えば、地域との関わり方や形態も異なってくる。赴任校に適した形で柔軟に対応し、黒子となって校長を支えていく十分な力が欲しいと思いながら過ごした４年間であった。その後の県立総合教育センター教育経営研修班における主任としての２年間は、研修計画や様々な外部との調整、全国からの研修講師より直接学ばせていただいたこと、また小中の先生方も同じ班であったので、県立のみとはまた異なる多面的なものの見方や、詳細な準備資料での用意周到な会議や意見交換が勉強になった。その数多い興味深い経験は、幅広い知見を養うのに大いに助けとなった。

３　校長の現在

今、学校が非常に楽しい。２校目の２年目が終わろうとしているところである。１校目Ｙ校は教頭として赴任していた学校でもあった。教員は入れ替わっていても生徒や地域の雰囲気が懐かしく、伝統校ゆえの素晴らしい継続性にも触れることができた。また特進クラスが希望制であり早朝講座必修であるゆえに部活動の盛んなＹ校では朝練に参加できなくなるのを嫌う成績優秀者が多数おり、なかなか特進クラス生を集めるのが厳しい実態の中、中学生にいかにアピールするかと進路指導部を中心に全職員での幾多の話し合いを経て実現した早朝講座希望制等の新たな試みも印象深かった。

校長になってからは各教頭の有能さに驚くことが多い。現在が楽しいのは、教頭が職員間の連携をうまくとり、かつ校長の方針を具現化すべく身を粉にして動いているからだとわかるだけに、自分なりに一生懸命勤めてきたつもりの教頭時代は、まだまだだったなと反省させられる。今から見れば当時の頼りない教頭に、主任方が団結して一層力を出してくれたことがよくわかる。

上司であった多くの校長先生方からは、部下を育てること、助言すること、余裕を持つこと、人に任せること、待つこと等々、数え切れない類いの目に見えない大切な事柄を教えていただきました。学ぶことばかりでお返しもできず、未だその背中にもかすりもしない隔たりはあるものの、すべての経験が私の血や肉となり、また肥やしとなりました。様々な経験をさせていただいた僥倖に感謝しつつ、さらに精進していきたいと決意も新たにしているところです。

生徒に奉仕する真の教師の気構え

長崎県立諫早東特別支援学校校長　**林田一彦**

1　はじめに

県立高校、県世界遺産登録推進室、文化庁、県生涯学習課、定時制高校、特別支援学校、国立自然の家に勤務し、多くの「学び」をさせていただくことができた。また、人との出会いの大きさも実感している。多様な経験から得ることができた私の「学び」の一端を述べてみたい。

2　教諭時代

授業がやっとできる程度の「無力の教師」であった。失敗の連続の時代であり、「教師としての在り方の模索」の毎日であった。しかし、「生徒に対して親身に関わること」だけは貫いてきたという自負はある。陰ながらも「役に立てる存在でありたい」「労を厭わない自分でありたい」と、特に、次のようなことを心の支えにして精進してきた。

○「すべての生徒は成長できる存在である」と信じて教育を行う。

○授業は、科目の頭に「人間にとって」という言葉を付けて行う。

○成績は、生徒と教師の人間関係に比例する。

○生徒指導とは、課題を抱えた生徒を善く、善い生徒をより善くすることである。

○生徒に奉仕することを喜びにできる教師たれ。

3　指導主事時代（県世界遺産登録推進室、文化庁、県生涯学習課）

教育行政に異動する機会をいただいた。全く未経験の世界であり、新鮮さはあったが電話の取り方、公文書の対応等に至るまで白紙の状態からの出発であった。改めて、教育現場で生徒に傲慢な姿勢で接していた自分に気づき、「わかっていたつもりでいた自分」を反省することばかりであった。行政経験を通して、改めて「気づいたこと」がたくさんあった。

○仕事とは、与えられたことに付加価値を付けることである。

○何事も、自分の職より一つ上で考え、自分の職で行動する。

○一生懸命に仕事をすると、仕事が仕事を教えてくれる。

○仕事に自分の色を出せ。臭いを出せ。個性的に考えよ。
○労働をするのではなくて、仕事をする人材であれ。

4　管理職時代（県立定時制高等学校教頭、県立特別支援学校教頭、国立青少年教育振興機構自然の家次長、県立特別支援学校校長）

特に、教頭と次長の時代には、校長・所長の姿勢や言葉一つひとつに滲み出る深みのある人間性と重み等を感じ圧倒された。人は言葉だけでは動いてくれないと心してはいたが、教諭時代から意識して続けておくべき地道な「自分磨き」の大切さを感じ、自己の未熟さを痛感した時期であった。上司から厳しく指導を受けたことも、保護者から叱責をいただいたことも、生徒から批判を浴びたことも、すべては自分が成長するための糧であった。「自己の学びと精進なくして管理職なし」という反省の日々であり、新たに思い知らされることばかりであった。

○「学校運営」ではなく、「学校経営」することを心がけよ。
○三意識（問題意識・当事者意識・経営者意識）の持ち主であれ。
○すべての判断は、情報の量と質により異なることを意識せよ。
○学校の諸問題は、生徒本位に考えて判断すれば誤ることはない。
○「学力を含めた人間としての総合力」を育む教育を推進する。

5　おわりに

今思えば、社会教育との出会いをいただいたことで、教育を総合的視点から見る視野拡大につながった。保護者や地域の思いも感じ取れるようになった。特に、定時制高校や特別支援学校に勤務し、多様な生徒に対応するには教師の多様な力量が必要であることを知った。「生徒がいるから教師がおり、学校がある」。生徒に奉仕するという気構えがなければ「真の教師」にはなれないと改めて思う。

第４章

改革を推進し、
活力ある学校をつくる

学校経営の視座

ビジョンの「見える化」が職員を動かす

宮崎県立本庄高等学校校長　**富高啓順**

1　本校における実践から

学校魅力化というミッション達成のためには、生徒や保護者、地域と一体となり達成に向けて働きかけを行っていくことが必要である。そのためにはまず、学校の職員全員にビジョンを示し、あわせて、その実現に向けての手順まで説明できると、教頭やミドルリーダーをはじめ職員全体の意識を高めやすい。

具体的には、自校の状況を数値データ等に基づき分析し、今後進むべき方向性を示しながら、学校や生徒の変容のイメージをもたせたい。さらに、その実現に向けた過程を示すとともに段取りを整えるとよい。「夢を語り、ビジョンを示すのが校長の仕事である」とよく言われるが、特に、喫緊の課題があったり期限が決まっていたりする場合はスピード感をもって職員に動いてもらう必要があることから、校長の判断や行動、時には具体的指示が重要となる。

どの学校でも行われているように、年度当初に示した学校経営ビジョンを基に、各部の主任等から運営委員会や系列主任（本校は総合学科で系列制）を含む教科代表者会において提案・協議を行っている。しかしながら、学校改革期には、分掌や系列・教科の横断的な対応がより多くかつ頻繁に求められることからプレゼンテーション用のスライドシート１枚で自分の考えていることや思いの可視化により全職員への理解を促している。例えば、２学期当初に、特に力を入れていきたい柱立てを全職員に示し、説明を行った。３学期には、同じスライドシートを再利用し、３段階のレベルメーターのイラストを貼り付けることによって進捗状況を全体で確認するとともに、特に進めていきたい部分に星印をつけ、加筆・確認部分は斜体にするなどの工夫をしてみた。２学期はモノクロ印刷をして配布・説明を行ったが、３学期はカラー刷りにしたところ、シートをデスクマットにはさんでくれている職員が増えているようである。本校は、令和２年度から２学期制を始め、新入学生からは系列名、制服を変更し、令和３年度にはデュアルシステムを導入予定である。今後も教職員の意識のベクトルをあわせ、どの部分で力を発揮することが各々に求められているのか理解してもらうために手順を含めたビジョンの見える化に努めたいと考えている。

２　「段取り」「ビジョン（見通し）と手順」「見える化」について

18年間の教諭時代、担任や校務分掌、部顧問の仕事などいずれにおいてもよく聞かされ、意識をしてきた言葉が「段取八分」である。授業でも行事でも成功に導くにはその８割が準備段階にあるという意味であると理解し、実行するようにしてきた。

英語の教科担任として、平成元年の学習指導要領改訂から導入されたオーラルコミュニケーション科目の評価について、現行では当然のものとなっているパフォーマンス評価を、リスニングテストを含み評点のほとんどが「実技評価」の点数となるよう計画した。同僚からのコンセンサスを得る方法は、生徒は何ができるようになるのか（Can－Do）をまず示し、各パフォーマンス評価の目的、内容、実施時期、授業との関連、評価基準と実際の評価方法、生徒への事前指導内容、フィードバック方法、記録の取り方、ALTとの事前調整の在り方などのマニュアルを作成し、どの教科担任でもそれまで馴染みのなかった評価方法に取り組みやすいようにした。また、教科担任とALTの指導の様子や生徒の発表等を映像記録として編集し、次の学年の指導者及び生徒用の資料とした。ビジョン（見通し）と手順を見える化することができれば、同僚にも生徒にもゴールと道のりを理解してもらうことができ、取組の効果が高まりやすいということを、当時の新科目の指導を行う過程で学んだ。これは、学校運営にも当てはまることである。

通算13年の行政職では、服務・人事、研修、政策を担当する各部署において、教育行政におけるヒト・モノ・カネ・情報の仕組を学んだ。特に、事業を立ち上げる際、国の動向・データに基づく現状分析・期待される効果・予算等を踏まえて、財政当局のみならず高校の管理職や先生方の胸にストンと落ちるポンチ絵と呼ばれるイラストや図を使って概要などをまとめた企画書を作り、プレゼンをする機会をもつことができたことも今の学校経営に生きている。

持続可能な日本型学校教育を目指す

福岡県立育徳館高等学校教頭　**餘戸光司**

私の教職経験校は、３校である。３校とも全日制普通科である。初任校に５年、２校目に12年、３校目に11年勤め、教育委員会事務局に転出。２年間の事務局経験を経て、転出前の学校に再赴任、教頭職１年目である。平成とともに始まった教職生活は31年目を迎え、その間、隔週週五日制から週休二日制という勤務形態の変化、「ゆとり」から「脱ゆとり」への教育改革の転換、教員免許更新制の導入、少子化による学校の統廃合や規模縮小と、学校現場も大きく変わってきた。教育課題の多様化・複雑化を背景に、教職員の多忙化が社会問題になり、働き方の「改革」が必要なほど、学校の「ブラック化」が指摘されるようになった。

仕事熱心な若い先生やミドルリーダーの先生にとって、生徒と過ごす日々が「自己犠牲」の毎日ではなく、教師自身にとっての「自己実現」の日々となることを願い、恥ずかしながら、これまでの教職生活の中で私自身が考えてきたことや実践してきたことを紹介したい。

これまでの教員生活を振り返ると、「すべては出会いである」という気がする。特に初任者の頃は、先輩の先生方に多くのことを学ばせていただいた。教科指導ではこの先生、校務分掌ではこの先生、というふうに、早く追いつきたい先輩教師を自分で決めて、その先生がしていることをとにかく見て、聞いて、学ぼうと思ったことを覚えている。少し年長の先生のことは、「10年後にはこの先生のようにできるようになろう」と尊敬していた。

当時は何でもやってみたいという気持ちが強く、失敗することなど考えもせず、初めて担任を持った学年で学年集会の号令係をさせてもらい、初めての修学旅行引率でも全体指揮をさせてもらった。今考えると、「もし何かあってもフォローしよう」と、学年の先生方が思ってくれてのことだと思う。学級編制の作業をさせてもらったときは、先輩の先生も夜遅くまで一緒に付き合ってくれた。本当にありがたいことだった。

生徒との出会いもあった。教室に入れず保健室登校をするようになった生徒を担任で受け持ったときはどうしてよいかわからず、養護教諭に毎日のように相談に乗ってもらい、研修会に参加したり、心療内科の主治医の先生に直接話を聞きに行ったりした。その生徒が卒業できたときや、問題行動を起こして家庭訪問を繰り返した生徒の進路が決まったりしたときは本当にうれしかった。

２校目の学校でも、生意気だった私はわがままを言い続け、そのたびに周囲の先生に助けられた。言い合いになったりすることもあったが、その中でお互いの信頼も築けたように思う。失敗から学んだことも大きい。周囲への配慮が足りない自分を反省することもできた。初めての学年主任は第３学年主任からだったが、34歳で学年主任をさせてもらった。翌年からの３年間は第１学年から学年主任を務めた。自分の未熟さから思うようにならないことも多く、タイトルに「リーダー」とあるビジネス書に救いを求めたこともあった。苦しいこともあったが、それを帳消しにする喜びも味わうことができた。すべてがよい経験となった。その後、進路指導主事もさせてもらい、進路指導計画の立案や会計処理について学ばせてもらった。

３校目は現任校でもあるが、３年生の担任、学年主任、主幹教諭として教務主任もさせてもらった。中高一貫教育校ということもあり、校内組織の再編や教務内規の改定など、検討課題も多かったが、やりがいのある仕事をさせてもらったし、現在もさせてもらっている。

大事なことは、「何事も経験」だと思って積極的に挑戦すること、プラス思考で「創意と工夫を楽しむ」ことだと思っている。「教師は授業だけ」という分業の国もあるが、「日本型学校教育」にもよいところはある。教職は「人づくり」「学校づくり」というクリエイティブな仕事である。

業務の効率化や校務の合理化を図り、複雑化する教育課題に組織的に対応することはもちろん重要な課題であるが、出会った生徒が教職を目指してくれ、結婚式に招待してくれ、社会人となった姿を見せてくれる。出会った子どもたちの「幸せづくり」に貢献できる仕事は、やはり崇高である。「働き方改革」の行き着く先にもその崇高さだけは残しておきたい。

私たちが目指すのは「持続可能な日本型学校教育」である。

「Another One」の発想

宮崎県・鵬翔中学校 高等学校教頭　**吉田成哉**

「なせばなる。なさねばならぬ何事も。ならぬは人のなさぬなりけり」

教頭職に就いてからの８年間、私の支えになった言葉です。文字通り、「すればできるし、しなければできない」ということです。たったこれだけの心がけが、学校全体の在り方に如実に反映するものだということを強く実感した歳月でした。

私の教頭としての職務は、主に難関大学を目指す中高一貫６学年と高校から合流する特進生が対象になります。また、本校系列の予備校と宮崎産業経営大学の講義も担当しています。言うなれば、中学生、高校生、浪人生、大学生という４世代の皆さんと接する中で、毎日、「忙しさを楽しめ」という想いで奔走しています。

私立に身を置く我々には、厳しい現実が突きつけられます。それは、入学者確保です。私学間の競争は熾烈で、構えていても、生徒は入学に至りません。中高一貫としての特色づくりが、教頭としての重要なミッションになります。これからの本校の命運がかかっているだけに、柔軟な発想で改革を進めました。その中高一貫の学校改革には、次の３つの視点がありました。

【視点①】大学受験に特化した「少人数教育」の実践

少人数教育とは、クラスごとの授業から細分化された習熟度別クラスへの変更です。国語・数学・英語の授業に関して、中学校１年生から１学年60名の生徒を「発展」・「標準」・「基礎」の３クラスに分けて少人数授業を展開します。個々の生徒の理解度に合わせた「わかる授業」の実践です。本来であれば、教員数も２名配置で済むところを、３名配置するわけですから、人件費増の課題等もありましたが、学校として決断していただきました。この効果は絶大で、成績上位の生徒だけに力点を置くのではなく、「60番目の生徒を大切にする授業」を実践し、保護者の方々に高く評価していただいています。英会話についても、ALTを１名から３名に増員し、１クラス10～15名のティーム・ティーチングに変えました。このような少人数授業は、個々の授業担当者の力量を鮮明に映し出すことにもなります。

【視点②】「学校完結型教育」の実践

地方都市に位置する本校では、地元に有力な塾がありません。それだけに、学校ですべてをカバーしなければならない現実があります。そこで、放課後の時間帯に「HOSHO サポート」という振り返り学習と「ナイター学習」を取り入れました。「衛星放送授業」も、授業料に含む標準装備で経済的負担を軽減し、生徒たちが自主的に視聴できる施設環境を充実させました。

【視点③】「情報発信力」の強化・学校行事の精選

それまで、全く更新されていなかった中学校のホームページを刷新しました。まず、休日を除く毎日、充実した教育活動の様子を、外へ向けて発信する「HOSHO DIARY」の掲載を始めました。当初、担当者は大変そうでしたが、日々のアクセス数も、年々、増加傾向にあり、生徒募集の面でも大きな役割を果たしています。

その一方で、様々な学校行事の精選・活性化にも取り組みました。特に、新テスト移行に伴う４技能の育成を考えれば、「話す力」「伝える力」への中学段階からの対応が不可欠です。一つ例を挙げれば、「修学旅行」です。それまでの国内研修を中学３年生で体験するカナダ・バンクーバーへの「ホームステイ」へ完全に切り替えました。また、中学２年生では、「グローバルビレッジプログラム」による多文化理解、コミュニケーション能力を培う研修を導入し、若い世代の保護者の期待を踏まえ、「英語の HOSHO」にフォーカスする広報活動を行っています。

教頭としての資質が、自分にどのくらいあるのかは、見当がつきません。しかし、いつも考えていることは、自分の気持ちに忠実に生きようということです。人並みでありたいと願うところに創造性はなく、人並みからはずれようと努力する生き方の中に、真の創造性は培われるものと信じます。

日々の様々な教育活動は、「Another One」の発想だと思います。思考、手段、視点等々において、硬直したものではなしに、絶えず「別の」「別個のもの」はという選択肢を前提とした取り組みに私たち教師自らが、努めていくべきです。そのために、他校とは一味違ったソフトでさわやかな学校の雰囲気を目指し、今後も新しい鵬翔の独自性を出していくつもりです。

与えられた場所で最善を尽くす

高知県立安芸桜ケ丘高等学校校長　**中谷真二**

1　はじめに

私は、高知県の県立高校の教諭として34年間勤務している。この間、部活動の顧問、進路指導主事や管理職として体験や実践してきたことをお伝えし、参考にしていただければ幸いです。

2 「全力疾走」

昭和61年４月に宿毛(すくも)高校に商業科教諭として赴任し、高校野球の監督となった。赴任当時部員は５名だけだったが、「甲子園出場」という高い志を持って努力した。まず、部員確保のため野球に携わる親睦会団体（六二会）に入会し、小・中学校の指導者へ夢を語り協力をお願いした。併せて、市長や地元企業、宿毛市で合宿する県外企業や大学に「宿毛高校を甲子園へ」の支援を仰ぎ、地域や外部を巻き込み野球部の活動を強化した。また、教職員の協力を得るため部活動の指導だけでなく、教科指導にも専念しながら、校務分掌、学級担任、学校行事等に誠実に取り組み、生徒の進路を保障するために全国の大学・企業を訪問し、ネットワークを広げた。指導に当たっては、入学当初から一人ひとりの個性を大切にし、性格、家庭環境、小・中学校の指導者の指導の特色を踏まえ、綿密な計画を立てて指導にあたり、監督就任10年目に甲子園出場を果たすことができ、地域の活性化にもつながった。

3 「未見の我」

平成17年に安芸高校へ赴任し、２年目に進路指導主事を拝命した。中高一貫校として進学校を目指す学校であり、商業科の教員が進学を目指す学校の進路指導主事はお門違いであったが、校長からの願いもありお受けした。校長の指導を受けながら謙虚に学び、戸惑いや教員への遠慮もあったが、一方で、私自身も「進学」について研究した。管理職の学校運営や学校のミッション、学校の課題、教員の意向を取り入れ、管理職へ協力しながら組織づくりの実践に努めた。次に、経済的なこともあり、保護者や生徒のニーズを踏まえ、「国公立大学合格者の増加」を実現するための具体的な案を提案した。大学施設を利用した勉強合宿、県外大学での模擬授業の受講、進学補習の改善、外部講師の講演や個別面談、先進校視察や大学訪問による教員・保護者への情報提供、教員の小論文指導等、管理職と内容を精査しながら実施した。特に、宇田津一郎先生のご講演や校内研修は、生徒や教職員の意識改革において有効であり、推薦入試にも力を入れるようになった。推薦書の書き方や面接の仕方等AO入試や推薦入試へのアドバイスのおかげで、20名前後だった国公立大学の合格者が、40名を超えるようになり、生徒や保護者の期待も大きくなってきた。多くの方の力を借りながら学校全体が、目標達成に取り組むようになった。

４　「報恩感謝」

平成25年４月に教頭として高岡高校に赴任した。前年度から３年間高知県のキャリア教育研究指定校として「発達障害等のある生徒に対する進路選択に結びつく支援の在り方の工夫」をテーマに研究事業が始まっていた。進学を目指す学校から特別な配慮が必要な生徒を指導・支援する学校への異動となり、知識や経験がないため戸惑った。養護教諭、特別支援教育コーディネーターから指導を受け、知らないことは謙虚に学び、研究報告書の作成や県内での発表等特別支援教育を３年間学んだことが次の学校で生かされた。

平成28年度から高知北高校に赴任した。高知北高校の生徒は、多様で支援が必要な生徒が多数在籍しており、このような生徒の実態に応じて、通信制教頭、副校長として学校運営に携わり、教職員と連携・協働しながら組織的な体制で生徒の支援に取り組んでいる。

学校目標である「日本一あったかな学校づくり」の充実を図るため、スクールカウンセラー、スクールソーシャルワーカー、医療アドバイザーによる支援体制を確立し、生徒だけでなく保護者のカウンセリングもできるように教育相談体制を整備した。教育相談や特別支援教育・発達障害についての校内研修を実施し、課題を持つ生徒への教員の支援・指導力を高めた。特に、通信制の学習の仕方を理解させるためのDVDを作製し、生徒の単位修得や中退者防止にも努め、組織的な生徒支援の方策を講じ、多様な生徒に多面的な指導や支援をしている。今後も生徒のためにさらなる努力をしていき、自分自身を高めていきたい。

啐啄同機

福岡県立浮羽工業高等学校校長　**大石道也**

1　はじめに

高校時より教師を目指し、大学卒業後から教職に就き現在に至っています。この期間に大切な多くの出会いがありました。生徒との出会い、先輩教師・同僚教師との出会いでした。現在の私があるのは、この出会いの中で貴重な経験をし、身にしみる指導を受け、切磋琢磨し共に働く仲間に恵まれたからであり、出会いを大切にしてきたからだと思っています。

2　教師としての土台

大学卒業後、１年間講師、次の年に新任教諭として工業高校に勤めました。１年目から担任を仰せつかり、成績不振生徒の校内宿泊合宿、他校生とのトラブル対応、警察への生徒引き取りなど元気な生徒と格闘の毎日でした。５年間の勤務は、力量不足で、多くの迷惑をかけましたが、保護者は何事にも突っ走る私を支援し、管理職と上司（生徒・教務主任）は私を温かく指導して後ろ盾となり自由に活動させてくれました。生徒・保護者との信頼関係作りと生徒指導の土台を学んだ貴重な期間でした。その後、２校目として勤務したのは新設十数年目の進学校でした。１年目から１年生担任を仰せつかり、担任を３廻り９年間務めました。最初に教科指導で衝撃を受けました。県下で有名な数学教師が何名もいて、試験結果に大きな差がつき教科指導力不足を痛感し、私から数学を学ぶ生徒に申し訳なく思ったことを覚えています。教科指導力向上のため教材研究・全国の大学入試問題研究に力を注いだ時期でした。このとき先輩教師から多くの指導法や問題作成等を学びました。この時期に学んだ数学指導法・３年間を見通した進度設定・レベル設定は大きな自信となりました。教科指導を学んだ先生方がその後、管理職として活躍されていたことが、学校経営にも関心を持つきっかけになりました。

3　主任主事・主幹教諭として

２校目を10年間務めた後、県下屈指の進学校に転勤しました。１年目から担任を務めさせていただき、３年間での生徒の学力と人間性の成長には驚かされました。その後も１年生担任、途中から学年主任を仰せつかり、３廻りの学年主任（６年間）を務めました。最初の学年主任のとき、学年団20数名の中に教務・進路・生徒・学年主任経験者が10数名所属する重厚な学年で、多くのことを先輩方から教わりました。常にコミュニケーションをとることを心がけ、学年目標を学年団全員で共有して生徒を指導することを大切にしました。その後、２年間主幹教諭として教務主任を務めました。当時の教頭先生は行政・教頭の経験が豊富で、管理職としての考え方、仕事の進め方を厳しく、暖かく指導してくれました。主任への仕事の任せ方、責任のとり方等、学校全体を考えての校務運営を教えていただきました。後の指導主事・教頭として務める上で大変役立ちました。このときに指導頂いた先輩教師の方々（元校長）、教頭先生（現校長）が目標とする管理職像になりました。

４　指導主事・教頭として

13年間の勤務の後、指導主事として２年間務めました。担当業務に訪問校20校があり、教員経験３校の私にとって、多くの校種・校風の違った学校を見られたこと、多くの管理職の方の考えを聞けたことは大変勉強になりました。その後、生徒1200名の大規模校で教頭として２年間勤務しました。一人教頭の学校で、日々の業務は多岐にわたり膨大なものでありましたが、生徒と職員が安全安心で学校集える環境作りを念頭においての日々は充実したものでした。校務整理は教務主任や指導主事経験時のお陰で整理できました。校長先生に多くの判断を任せていただき、教職員との信頼関係作りと適切に助言・指導を行うことを学べた２年間でした。

その後、他校副校長１年を経て現在の筑紫丘高校副校長を仰せつかっています。教諭時代は生徒に、管理職になってからは教職員に対して、私はいつも『啐啄同機』を教育目標（信条）として接しています。「生徒が求めているもの」「教職員が取り組みたいと考えていること、こだわっていること」をしっかりと捉えること、「私が伝えたいこと、行ってもらいたいこと」をしっかり受け取ってもらうようにすることをいつも意識しています。そのために全職員とコミュニケーションをとり、良好な人間関係・信頼関係を作っておくことを大切にしています。これからも教職員が、やりがいと使命感を持って教職に邁進できる環境作りに尽力していきたいと思っています。

現状維持は退歩である

福岡県立嘉穂高等学校副校長　**前田直子**

私は、創立百年を超える伝統校に、以前教諭として勤めていた。この地域は、石炭産業の衰退とともに経済も疲弊し、少子化や雇用問題等が影を落としはじめていた。学校の特色化を図ることが、この地域の高校にとって、大きな課題であった。当時、勤務校は文武両道や伝統的学校行事を重んじ、全職員が、様々なことに熱意を持って取り組んでいた。生徒の学力や大学等への進学率、部活動の大会成績など順調に伸びていた。多忙であったが、生徒の成長が喜びであり、誇りでもあった。

歴代の校長は一貫して、「現状維持は退歩である」と言い続けられた。「伝統という言葉に甘んじて、何もかも例年通りでは、少しも前進できない。歴史が長いほど、学校は時代のニーズに応えていく柔軟さを持って、変わっていかなければならない」という確固たる信念が込められていた。ある意味現状に満足していた私たちに、衰退する地域の現状を直視し、危機感を持つことや目の前の生徒は、将来どんな社会を生き抜いていかなければならないかを見据えることが大切であると説いておられたのだ。

当時、生徒の目指す大学は、理高文低の傾向が続き、県下にもいくつかの高校で理数科が設置されていた。しかし、当時の校長は、「このような時代だからこそ、人間性豊かな人材の育成を目指す」と、普通科の中に文系独自のコースを設置されたのだ。その時は、時代に逆行した決断に思えた。私はこのコースの３期生の担任となった。設置から２年、多くの先生方と議論し、先進校から学ぶなどして、コースの特色化に取り組み始めた。校長も、「焦らずに、目の前の生徒たちにとって良いと思うことを考え、何でもやってみなさい」と後押しをしてくださった。そして、３つの取組を行った。

１　生徒の自己管理能力の育成

生徒自身が「今何をするべきか」を考え、決定し、行動できることを目指し、生活の記録簿を用いて、生徒は１週間分の行動の計画と毎日自己チェックを、担任は、毎日40人の生徒のスケジュールの確認とアドバイスを繰り返し実施した。

2　課題発見・解決能力の育成

一人の教師が5、6人の生徒を担当し、一人一研の課題研究を実施した。文系、理系を問わず、生徒自身が興味関心のある事をテーマにして、8000字以上の論文に取り組ませた。研究を深めるためには、地域や大学との連携が重要であり、企業や自治体、大学教授からの講義やフィールドワークなどを数多く取り入れた。

3　体験活動の推進

美術館、裁判所、県立図書館などで知識・技能の習得を目的とした校外研修と、世界自然遺産や歴史・文化の見聞や学校交流等を目的とした海外研修を実施した。長期休業期間を利用して、生徒がじっくり研修に参加できるよう、有効的にプランを練った。それ以外の体験活動は、1学期に約1回のペースで実施した。

このような取組が、徐々にコース担当以外の先生方にも理解を得られるようになり、教科指導の在り方や授業方法に変化が生じ始めていった。例えば、数学の先生は、「生徒はどんなに公式を覚えても、途中の計算を簡単に間違える」という事実を重く受け止め、数学の日々の課題に百マス計算ドリルを加えたり、現代社会の授業では、現役の弁護士を招聘し、模擬裁判を実施したりした。多くの先生方が思い切った、大胆な発想で、教育活動を展開するようになった。SARSが流行して海外研修が中止になった時などは、百人一首を深めるための奈良探索プランや東京の都市開発の調査プランなど、多くの教科から国内研修への代替案が提案された。コースの特色化が進むにつれて、生徒の感性や人間性は豊かになり、多面的な物の見方や論理的に考える力が培われ、学力も向上していった。

世の中が理系に向かう時代に、文系のコースを立ち上げたことは、大きなチャレンジであったと思われた。それから四半世紀が経ち、この取組は、現代の体験活動を重視した探究心を育成する教育の先がけであったと確信する。歴代の校長が言われた「現状維持は退歩である」に込められた思いを、これからも忘れてはいけないと思うのである。

目には見えない「未来」を託す教育

佐賀県立鹿島高等学校赤門学舎副校長　**原口哲哉**

平成の始まりとともに教壇に立った。最初の記憶は「たんぽぽ精神」である。風に吹かれて飛んでいくのを良しとする研修講師（新聞記者）は、「佐賀国体（S51）を自ら取材したかったが、営業部門へ異動。会場で地道に号外を配りながら、颯爽と取材する同僚を羨ましく思った。しかし、新聞社にとって国体は、購読部数を大幅に伸ばずチャンスでもあり、その中心に自分がいると後に気付いた」という。影響を受け、私も、専門高校、総合学科、県外高校、普通高校をわたり歩いた。次第に「絶対」が「相対」に過ぎないと気づくことが増え、柔軟性、多様性への視点を少しばかり獲得できたと思う。

校務運営への参画は、30代の７年間、進路指導主事を務めた時からである。高校が、農業高校から九州初の総合学科へ改編し、新しい教育を目指して進路や興味・関心に応じてオーダーメイドの自分だけの時間割を作る仕組みを固めた。一方、他の職員が考案したセルフプロデュース方式と名づけたインターンシップの実践に関わった。その方式は、県内外の中学校に広がり、関東のある県では、公式に「セルフプロデュース方式」という言葉が使われるようになった。それらを含むキャリア教育の構築や進路保障に取り組んだが、この頃、整理した情報をもとに、案件に対する「解」を学校長に提案できるようになるには、相当の年月を要した。校長室までの距離は遠く、辿りついても厳しい指導を受けた。しかし、我慢して育ててもらったことが今役立っている。私の教員人生において唯一の主任経験でもある。

それから、県外交流人事により長崎北陽台高校で２年間を過ごした。長崎は、港のある企業城下町であり、キリシタンや原爆という悲しみの歴史を背負っている。生徒たちは、知らず知らずのうちに、世界への視点を持ち、経済の動向を肌で感じながら、深い精神性を受け継いでいた。

そのような自己の立脚点を意識し「志」を高めることはできないか。そんな思いを持って佐賀市内の普通高校に異動し、同窓会の係を担当する中で、校長の指導のもと、旧制中学校から続く歴史を、人物に焦点を当てて整理する作業に歴史家の監修を得て着手した。日本初の障がい者施設を創った石井亮一、戦争反対の最後の砦となった吉田善吾、時の権力に訴え学童疎開を実現した辰巳栄一、上野動物園を創設した古賀忠道、経営の神様市村清など12人の業績を研究し、放送作家にシナリオを依頼して映像資料を作成した。また、地元新聞社に特集を組んでいただき、人物のイラストを漫画家に頼んで図書館に掲げた。生徒たちは、少なからず世に役立つことの意義を捉えそこにつながるものとして現在の学びを捉え直していた。そして、この時の資金の調達、校内外の関係者との調整、作業工程の管理、取材先で相手の自己開示を引き出す対話的手法などは、総合学科での主任経験が生かされた。

さて、こうした取組とともに、どの学校でも多くの時間を、担当教科（国語）の授業準備や実践に費やしてきたことは言うまでもない。「教育とは？」との問いに対する答えも、教科をとおして考えてきた。

例えば、詩人まどみちおの代表作「ぞうさん」を論じた文章。一節では「おはながながいのね」と言われた象の子が、「かあさんもながいのよ」と答える。二節では「だれがすきなの」と聞かれ、「あのね、かあさんがすきなのよ」と答えるこの詩の構造を、阪田寛夫は「一節の理由が二節になっている」と述べ、「戦後の貧しい時代に、まどさんは七歳の息子と上野動物園に行きこの作品を創作したが、食糧難の時代に動物たちを賄う余裕は無く、実はそこに象はいなかった」と指摘する。すなわち、戦後の貧しい時代に悲しみを背負って生きる人間が心で捉えたもの、それが「ぞうさん」だったのだ。

翻って考えてみれば、高校生にとって目には見えないが心で感じ取っているもの、それが「未来」ではないだろうか。いつの時代も、若者は、過去に生きた人の魂に触れ、同時代を生きる人の心に触れながら、目には見えない時空（未来、日本・世界）への意志を心の中に紡いできた。それを支え、若者の心に何らかの痕跡を残し未来へのメッセージを託すこと、生徒たちと年齢が離れてしまった私は、そんなイメージで高校の教育を捉えている。

若者たちが、いつか遠い未来の目で現在を振り返るとき、高校生活が「かけがえのない時間」として、はっきりとした輪郭をもって、眼前に立ち現れてくることを信じていたい。

「挑戦」～まえにいくゆうき～

大分県立大分雄城台高等学校教頭　**堤　荘司**

昭和63年に県立臼杵高校での新採用をスタートに、保健体育科の教員として26年間勤め、そのうち25年間はラグビー部の顧問として、高校ラガーマン憧れの地「花園」を目指して、生徒とともに奮闘する日々を過ごしました。中でも平成14年から26年までの雄城台高校での12年間のうち10年間は、県大会の決勝の舞台で「『挑戦』～まえにいくゆうき～」をチームスローガンに掲げて、打倒大分舞鶴高校に挑戦しました。下手な字ですが、心は込めて書きました。よく見ると「まえにいくゆうき」というひらがなで「挑戦」という漢字はできあがっています。

また、毎日生徒に伝えたいことを一枚の小さな紙に印刷して配布することを16年間続けました。１年経つと薄い紙きれも２㎝ほどの厚さになります。教え子は社会人になっても、辛い時は、読み返していると言ってくれます。

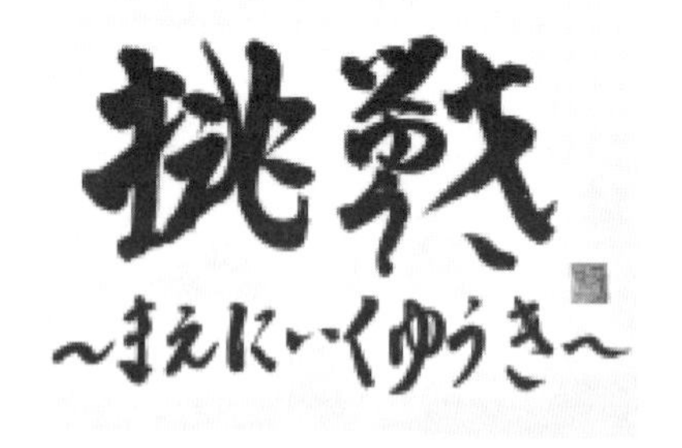

大分雄城台高校ラグビー部

【日々のことば】

2013年11月15日（金）

◎100回の失敗よりも、
たった１回のあきらめが、夢を崩す。

（いよいよ運命の決勝戦です。楽しみでワクワクします。この日のために今まで苦しい練習や学校生活にこだわって、人間力を磨いてきたのだから、やってきたこと全てを出し尽くしましょう！　特に３年生は、３年間の思いの全てをぶつけるように！　今までたくさんの人に支えられてここまで来ました。それは友であり、先生方であり、コーチ陣やトレーナーであり、他の学校の選手や監督の方々であり、そして誰よりも一番身近でずっと応援してくれた親です。最高の恩返しをしなければいけませよ。感謝の気持ちを忘れずに、決して最後まであきらめることなく戦いましょう！　敵は我にあり！）
今日の練習：アジリティ、ABCD、タックル、ユニット、コンビ。
手洗い・うがい！

教諭生活最後の県大会決勝前日の「日々のことば」は、「100回の失敗よりも、たった１回のあきらめが、夢を崩す。」でした。

残念ながら夢実現とはなりませんでしたが、ほとんどの生徒が高校からラグビーを始めた素人軍団で、毎年決勝の舞台に立ち、最後まで諦めずに大きな相手に果敢にタックルし続ける姿を目の当たりにして、生徒たちからたくさんのことを学ばせてもらいました。

ラグビーというスポーツは、試合が始まると監督から細かい指示を出すことはできません。何が起こるか予測できない一瞬一瞬のプレーの判断は、キャプテンを中心に選手たち自身がします。現在、進行している教育改革は、「答えのない課題、未だかつて出会ったことのない課題に、自分で考え、失敗しても諦めずに、様々な人々と協働して立ち向かっていく力」を養うために行われています。まさにラグビーに求められるものと同じです。ラグビーから学んだことが、今でも私の根幹となっています。

管理職になるきっかけとなった１年があります。平成23年に県教育委員会がミドルリーダー研修を企画し、第１期生として参加しました。雄城台高校は、平成19年度から進学重視型の単位制普通科高校に生まれ変わり、進学実績への期待が高まり、生徒、教職員が一丸となって着実に成果を上げている段階でしたが、授業力の向上や家庭学習の充実など、まだまだ乗り越えるべき課題がたくさんありました。

いざ研修が始まると、SWOT 分析による現状分析から３年後のありたい姿に向けての戦略を練るというもので、これを各自が勤務校で勝手に行うという研修でした。一人でできる研修ではないと考え、仲間を募ることにしました。初任者研修～30代１名、10年経過研修～30代２名、キャリアアップ研修～40代１名の４つの研修の合同研修にして、養護教諭～50代１名を加え、計６名でプロジェクトチームを作りました。結局、８回の合同会議と３回の職員研修を実施し、全職員を巻き込んで戦力マップを完成させました。

様々な年代の先生方と学校運営のことを考えることができたこの経験を通して、学校経営は管理職だけの仕事と捉えるのではなく、全職員が積極的に学校運営に当たり、ラグビーの試合のようにプレーヤー（先生方）が自分で判断してベストプレーを目指していくことで、学校全体が一つにまとまり、組織力を高めることができるということを学びました。管理職の仕事は、その判断ができる環境を整えることだと思います。

管理職となった今もこの気持ちを忘れずに、「挑戦」～まえにいくゆうき～を胸に、先生方と一緒により良い学校作りに挑戦し続けたいと思います。

「生徒のための学校」を原点に

北海道白老東高等学校教頭　**今野博友**

人のためになる仕事に就きたい、中でも子どもたちの成長に直接携わることができる素晴らしい職業に就きたいと思い教職の道を希望しました。

振り出しは、工業高校の定時制でした。初任校では、生徒・保護者とコミュニケーションを図ることを第一に、面談や家庭訪問を日常的にしていました。「人と人との関係は間で決まる」ことを学びました。

２校目は、普通科・商業科併置の３間口の学校で、地方にありながらも多くの生徒が進学する学校でした。環境が変わる中、ある先輩の先生から「教科指導と分掌業務と部活動指導をこなせるようになって一人前の教員だ。それらがあって、初めて周りの先生方も認めてくれるし、協力もしてくれる。協力してくれる仲間を１年に１人ずつ増やしていければ、学校を動かすことができる」と指導いただきました。この言葉は、今でも私の道標となっている言葉です。また、この時期には先輩の諸先生が、研究会での発表を進めてくださったり、私の作成した資料を何かの機会に使ってくださったり、様々な形で声をかけていただきました。多くのアドバイスをいただいたことは、私を前向きにさせる動機づけとなりました。全道の教科研究会では、フィールドワークやシミュレーション学習、生徒が自ら思考・判断・表現できる学習活動の実践を発表・提言させていただきました。

分掌で総務部長や学年主任も経験させていただいた中で、学校全体を見て今何をすべきかを考えて行動するようになりました。保護者、PTA役員、地域の方々の協力を得て、様々な人をつなぐという視点で行動することの大切さを学びました。部活動は、高校時代に少し経験した武道競技を受け持ち、生徒と一緒に毎日稽古し、何度か全道大会にも出場することができました。

３校目は、普通科単置の８間口の学校でした。幸いなことに３校目でも、武道系部活動の顧問を担当しました。経験豊富な専門の先生がいて、よく頑張る選手たちの中に身を置ける幸せを感じながら、この選手たちのために自分に何ができるかと考えました。技術指導は専門家の先生が、私は選手のメンタルをサポートする役割をしました。お陰様で複数回、全道大会に出場することができ、上位入賞することもできました。複数の人間が、様々な視点から幅広く指導をすることの重要性とその効果を実感しました。

分掌は、担任の後、生徒会指導部長、教務部長、進路指導部長を務めました。担任を持った３年間は、「生徒のために」何ができるか、何が必要かを考え指導することに努めました。教務部長としては、生徒の多様な進路希望に応じた特色ある教育課程を編成・実施し、多様な学習活動ができるよう意識しました。進路指導部長としては、組織として生徒の進路希望を実現することに努めました。この学校で、７年間部長を務めたことにより、生徒のためにどのように組織を動かしていくか、周りの先生方とどのような協力ができるかという視点を持つことができるようになりました。

全道の教科研究会では、法教育、消費者教育について、分掌関係の研究会では特色ある教育課程の編成と実施について、全国の教科研究会では、公民的な見方・考え方についての実践を発表させていただきました。

４校目は普通科２間口の学校に教頭として赴任しました。この学校は、地域の方々の強い希望により組合立学校として誕生したこともあり、地域とのつながりが非常に強い学校でした。地域の人材や施設を活用した地域学習、幼稚園・小学校と連携した学習活動、小・中学校と連携した高校生による出前授業、吹奏楽局やボランティア部が様々な町の行事へ参加する活動、町の大きなイベントに高校生が関わる活動、町の行政や議会と高校生との交流など、学校の内と外をつなぎ、コーディネートすることが日常に求められていました。このような地域との関わりの中で、職員の目を学校の外にも向け、地域の目を学校に向けるためにはどのようにしたらよいかという視点を持ち、地域と共に子どもたちを育てる学校運営を意識できるようになりました。

現在、５校目となる普通科２間口の学校に勤務しています。これまで、様々な上司や先輩から教えていただいた「学校は生徒のためにあり、常に生徒にとって必要なことを考えること。生徒や保護者の立場になって真摯に向き合うこと」を教訓に、生徒・保護者、地域の方々から信頼される学校運営に努めて参りたいと思います。

活力ある学校の姿を模索して

北海道・旭川明成高等学校教諭　**片岡昭彦**

1　どのような教師でありたいか

誰しも自分の職業を決める上で、きっかけになったことがあるのではないか。私の場合は、学生時代の学習塾での経験である。悩みながら、成長していく子どもたちの姿に心を動かされた。また、新任の頃出合った生徒が、私のその後の教師としての在り方を決めた。荒れて手が付けられなった生徒の別の一面に触れたとき、誰しも心の中に美しい泉のようなものがあり、誰もが認められたい、良くなりたいと思っていることを確信した。そのような姿を信じて、生徒に向き合い続けてきた。生徒の成長、可能性を信じることを大事にしてきた。

2　校長として

私は教諭として勤務をしていたが、ある日突然、校長に指名された。最初は固辞したが、経営者の思いや同僚との話の中からお引き受けすることにした。私が心がけたことは、先入観にとらわれずに自分の目で見て話を聞くことだった。そして信じて任せること、その責任は自分がとるということを意識した。

管理職経験がない者が突然校長になり、日々決断しなければならないことがあるのだから、校長室にこもって頭の中で考えるのではなく、直接生徒の姿や、教職員の現場での取り組みを徹底的に見て考えるしかないと考えた。すぐにいかに自分は何もわかっていなかったのかを思い知らされた。目立たないところでコツコツと努力を積み重ねている生徒、どこまでも真摯に熱意を持って生徒に向き合い続ける教師、保護者の願い、事務方の日々の苦労、本当に頭が下がる思いだった。そして校長として見てきたことを整理し、課題を洗い出し、未来の学校の目指す姿を示してきた。

また、校長の発言の影響力の大きさも実感した。私の集会での挨拶の内容をもとに生徒に話をする担任、校長が話したことを生徒が親に伝えて、家庭でのコミュニケーションが円滑になった生徒がいることに驚いた。高野連や高体連の役職を経験した時も大会を可能な限り見に行き、選手やチームの姿から感じたことを挨拶の中に盛り込んだ。選手から今後の人生のヒントや励みになったとの手紙をいただいたこともあった、私の拙い挨拶が多くの人に影響を与えていたことに責任を感じ、身が引き締まる思いだった。

３　再び教諭として

４年間の校長職の後、再び教諭として現場に戻った。このような人事を経験した方はかなり少ないのではないかと思うが、校長職に留まり続けるのではなく、現場に戻ることを希望していた私にとっては、少し早かったが予定通りのことだった。しかし、校長が同じ学校の教諭に戻ることは外から見るとかなり奇異に映っていたようで、多くの方が心配した。立場上、時には厳しく現場と対峙したこともあったので、受け入れられるか心配な面はあったが杞憂に終わった。今思って見ると、現場を見て声を聞くこと、教職員といっしょに未来の学校の姿を模索してきたことがよかったのかもしれない。

ただ、これまでと違ったことがあった。校長を経験したことで学校経営という観点から現場で何をすべきか気づくことや、経営という観点から考えることが多くなったことだ。私の周りには、とても素晴らしい実践をしている教師がいる。その声を大事にして、学校改革につなげていけたら学校の魅力は大きく増すものと確信する。経営者と現場が一体となって未来の学校の姿を考えることができたなら、理想の学校をつくっていくことができるだろう。

４　今後に向けて

本校は、ここ数年で大きな改革を行ってきた。その柱のひとつがICT環境の整備である。全館Wi-Fi、生徒全員がタブレット端末を持ち、黒板が電子黒板になった。授業の効率化や、情報機器の活用能力を高めることができ、写真や動画などを効果的に使うことなどで、深い学びができる可能性が高まっている。

実際にその中にあって、感じることは、優れた環境を使って何をしたいのかを明確にする必要があるということだ。これまで以上に教育とは何か、一人ひとりがしっかりとした考えを持つ必要がある。Society 5.0の時代は人間の存在意義を問われている。未来を切り拓く子どもたちが希望を語れる学校にするために、全教職員の知恵の結集が何より必要だ。

ミッションの明確化とビジョンの達成

福島県立西会津高等学校校長　**佐藤秀雄**

福島県教育委員会では、今年度（2019年）より５年間にわたる県立高等学校改革前期実施計画を策定した。その中で、生徒の学びのニーズや進路希望に応じて県立高等学校（全日制課程）の特色化を図るため、進学指導拠点校、進学指導重点校、キャリア指導推進校、地域協働推進校、職業教育推進校の５つのいずれかに位置づけられた。私は、地域協働推進校以外の４種類に勤務経験がある。そのほかに、多部制（昼夜間）の定時制高等学校で昼間主コース及び夜間主コースの教頭を経験し、東日本大震災による原子力発電所の事故で現在は休校している高等学校の教頭も経験した。様々な高等学校に勤務してきたが、各校にミッションがあり、それを達成するためのビジョンがあった。私は、各校において、ビジョン達成のために微力ながら努力してきたつもりである。

現在は、県で４校指定された進学指導拠点校の教頭として勤務し、３年経とうとしている。県内の学習指導、進路指導を牽引するリーダー校として、難関大学及び医学部志望者の進路実現が本校のミッションである。育てたい生徒像は、国内外で各分野のトップリーダーとして活躍する、未来を牽引できる人材である。主体的・対話的で深い学びの実現に向けた授業改善を、日々実施している。生徒の興味・関心や進路希望等に対応した多様な学習内容が選択できるような単位制の高等学校への転換が予定されている。私は、教頭として、単位制の教育課程の研究を始めるよう促している。

さらに、本校は、昨年度から、福島県教育委員会より県内で唯一、福島スーパー・イノベーション・ハイスクールに指定され、国家プロジェクトである「福島イノベーション・コースト構想」を担う人材育成のため、可能性に挑戦し、地域の活性化を促す知的集団を育成することもミッションである。具体的には、①最先端分野の学習として、大学等の訪問調査や講義などを通じ、社会変革や技術変革にかかわる、社会科学や自然科学の最先端研究への理解・関心を深めさせている。社会貢献への高い志を持った起業家や経営者、行政官、法律家、研究者、医師、技術開発者等の人材育成を目指している。②高度な探究活動として、浜通り地域等で進む先端研究や産業集積等に関し、ICT 機器等を活用したフィールドワークや観察実験を行い、課題解決能力・プレゼンテーション能力・ディベート力の育成・向上を図っている。③地域理解に向けた探究活動として、地域の課題と現状を考察するグループ学習や、いわきアカデミア推進協議会や福島イノベーション・コースト構想推進機構と連携した地元企業の見学、経営者やスペシャリストとの出会いと対話等を通じ、人的ネットワークの大切さと地域社会や地域産業への理解を深めている。④医学・医療系人材育成支援として、地域医療に貢献する人材育成に向けて、医療の現場見学や、現場の医師による出前講義などを通して、医療についての理解を深めている。私は、教頭としていわきアカデミア協議会に校長の代理で出席するなどして、「社会に開かれた教育課程」の実現に力を注いでいる。

私は、平成９年度から８年間、母校でもある本校に教諭として勤務していたことがある。長く男子校であったが、平成13年度より男女共学となり、現在に至っている。私は、男女共学１回生のクラス担任となった。３年生のクラス担任をしていた生徒の中で、東京大学理科三類に現役合格をした生徒Ａがいた。東大理三現役合格は、本校では29年ぶりであった。Ａは山岳部に所属し、３年生の時には全国高等学校総合体育大会（インターハイ）の出場権を得るまで活動していた。私はＡの邪魔をしないことを心に誓い、日々傍らで静かに見守っていた。Ａの友人に生徒Ｂがいる。Ｂも山岳部に所属し、３年生の時にはインターハイに出場した。Ｂも、現役で東京大学理科一類に合格した。Ｂとは、大学入試センター試験後、東京大学の二次試験対策として、毎日のように物理の入試過去問を共に解いたことが良い思い出になっている。

私は、無力である。ただ、生徒との出会い、御縁を大切に生きてきた。それだけです。

多様性から学んだこと

高知県立高知南高等学校副校長　**藤田優子**

平成19年度から高知県教育センターや高知県教育委員会事務局高等学校課で計12年間勤務していました。平成31年度、実に12年振りの学校現場、そして、当時なかった副校長という役職に、これまでにない不安を感じたことを覚えています。高知県では、すべての学校に副校長が配置されているわけではありません。学校規模や教職員数等による明確な基準はないと思われますが、その配置には意味があると思っています。副校長として赴任した高知南高等学校は、高知西高等学校と統合することが決まっており、令和５年度から国際バカロレア教育を取り入れた高知国際高等学校へと生まれ変わります。私は、平成29年度・30年度には高知県教育委員会事務局高等学校課課長補佐として、主に県立高等学校の再編振興を担当していました。統合校の教育目標・教育課程の検討や中学生とその保護者、地域、学校関係者への周知のための説明会を行っていましたので、統合に向けた役割も配置の一つの理由と考えています。副校長として、自分の果たすべき役割をしっかり分析することは大切であると感じています。

さて、私は、出身地の兵庫県で高等学校教諭の採用になりました。初めて勤務した学校は夜間定時制の高等学校です。校舎こそ全日制と同じ利用ですが、校長が単独で配置されており、１学年４クラスの４学年、普通科と商業科のある学校でした。そこでの経験は、今後の教師としての考え方に大きな影響を与えられました。ほぼ同じ年代といってもよい定時制生徒４年生が、昼間の勤務を終え慌てて登校してくる情景は鮮明に覚えています。学校のルールは厳しく、年齢に達していても原付等のバイクや車での登校禁止、喫煙も禁止されており、たばこ所持でも生徒指導の対象でした。そして、「暴力行為は退学」が徹底していました。ですから、卒業したいという強い思いのある生徒は、決して殴り返すことなく、殴られ続けたようなこともあったようです。全日制への入学がかなわなかった生徒、全日制を退学になった生徒など、様々な事情がありましたが、卒業の時には、この学校でよかった、この学校で立ち直ることができたと話してくれた生徒もいました。高校と言えば全日制しか知らなかった私にとって社会における学校の役割は、全日制定時制等関係なく生徒の成長と自立を担う大きな仕事だと気づかされました。

兵庫県での勤務ののち高知県の教員として勤めることになり、教科指導に重点を置き、生徒の数学学力の向上や定着に力を注いできました。その後、高知県教育センターでは、教科研修をはじめ、指導改善研修、研修企画等に携わりました。また、高知県教育委員会事務局高等学校課では、学習指導要領の周知、県版の数学教材の作成、入試改革、県立高等学校再編振興計画、文部科学省指定事業（遠隔教育・地域との協働）等に携わってきました。最もやりがいのあった事業は「発進！数学Ⅰ」という教材作成でした。これまでにない教材、学び直しができる教材、自学自習ができる教材をコンセプトに多くの学校で活用いただいていることは、これまでの学校と教育センターでの経験が生かされ、生徒と先生の立場をよく理解できたことがよかったと思っています。企画から配布まで短期間ではありましたが、それぞれの使用場面も想定しつつ、思いを盛り込むことができました。学校現場を離れての12年間は、いろいろな立場から高校教育に携わり、学校勤務だけでは関わることのないような方たちとも話をする機会を持つことができました。地域の方々の学校に寄せる思いや期待、教育長や知事の話を直接聞く機会も多く、国の動向、県の方向性を知ることができ、大きな財産になったと思います。学校は地域、PTA（保護者)、同窓会（卒業生）の支えがあるからこそ、そこにあるという思いが強くなり、支えてくれる人の思いが詰まっていると思います。

さて、組織において、同じタイプの人ばかりでは成り立たないと言われます。しかし、よい組織として成り立つことができるためには、タイプの違う人たちの方向を定めなければなりません。そこに管理職の役割があると思っています。学校組織の構成メンバーは、生徒、保護者・家族、教職員、卒業生などであり、それぞれの思いや考え方は異なっているということを前提に、学校の目標を定め、対応していくというバランス感覚を大事にしたいと思っています。

自分なりの羅針盤をつくる

広島県立三次高等学校全日制教頭　**畦知克利**

「光陰矢の如し」とはよく言ったもので、いつの間にか教職についてから30年という月日が過ぎ去ろうとしている。これまで教員として過ごしてきた中で、座右の銘とまではいかないまでも心がけてきたことをまとめ、今後の研鑽の礎としたい。

1　20代『関係を築く』『自分から動く』

初任で勤務したのは、県北部の工業高校だった。学習に対する興味や関心を失くした生徒が多く、授業が成立しない状況もままあった。まず心がけたのは生徒の学習に対する意欲を取り戻すこと、生徒一人ひとりとの関係を丁寧に築くことだった。授業ノートを集めてのチェックや、小中の振り返りプリントを導入に取り入れるといった授業づくりの工夫をし、対話を増やすことで、生徒との人間関係ができると同時に、授業の雰囲気は改善されていった。校務の面では、生徒指導、進路指導、教務など年ごとに様々な分掌を経験し、わからないことがあっても、指示を受けて動くだけでなく、自分のほうから動くということを心がけた。

2　30代『自分のキャパを広げる』

初任校での７年間の勤務を経て、母校でもある世羅高校に赴任した。この頃は担任、部活動、分掌と業務が多岐にわたり、自分の持つ時間のほとんどを仕事に費やしていた感がある。結婚をして家庭を持つという変化があったが、常に何かしらの業務に追われていた。業務を絞ればもっと納得のいく仕事ができるという思いを抱えながらも、関わっている業務をやり切ることで自分自身のキャパシティーを広げていくことを目指して日々を過ごした。

3　40代『30点でもスタートする』

世羅高校で７年間勤務した後に、鹿児島県での２年間の交流人事を経て、県北部の伝統校である三次高校に赴任し、12年間勤務した。ここでは、３年担任や進路指導主事など、ほとんどの期間を３学年の進路指導中心に業務を行った。この頃からキャリア教育に関する文部科学省の指定事業や広島県の「学びの変革アクションプラン」に関わる中核教員など、個人だけでなく、分掌全体、学年全体、ひいては学校全体の動きを考える必要が増えた。チームでの動きが求められ、若手の教員との協働や、代表して判断を求められることも多くなった。その際に心がけたことは、学年や学校全体に関わる業務に対して、動き出しを早くすること。30点の出来でもいいからスタートして、PDCA を回して改善していくということだった。

４　50代（現在）『自分なりの羅針盤をつくる』

現在は尾道北高校で主幹教諭という職にあり、数学と情報の授業での教科指導と、学校業務の円滑な運営のための調整や、「学びの変革」及びICT 活用の推進などの業務を行っている。この職について強く感じるのは、管理・運営という業務の多様さと学校における危機管理の重要さである。慣れない業務だが、ひとつひとつの業務という経験を丁寧に積み重ねていきたい。

教員という職は、学校という一隻の船で航海する船乗りに似ていると思う。行き先や大きさなど様々な違いはあるが、生徒の成長や進路目標の達成、ひいてはキャリア形成という同じ目的を持って船を走らせていく。最初は船の動きもわからないまま、目の前の業務をするしかないが、徐々に船の動きや、他の職員との協力の大切さを理解しはじめるし、複数の仕事ができるようになると、船の速度や向きが気にかかるようになる。船の動きを設備や人的配置で改善することも考え始める。公立の学校の場合には、転勤という他の船への乗り換えを経験することで、船の違いや行き先の違いも理解する。自分自身も、ずっと船を速く走らせる方法と他の船との比較に主眼を置いた働き方をしていた。その中で保護者や地域が学校に求めるものを意識していく必要が生まれてきた。その結果、学校のビジョンやミッションという船の行き先を真剣に捉え始めることとなった。この１年間、社会の変化というさらに大きな波の影響がだんだん強くなっているのを感じる。少子化や Society 5.0 を初めとするこれまでに経験のない波の中で、学校という船がどのような針路を取るのかを検討していかなければならない。今後は、これまで積み重ねてきたことを元にして日々の業務や社会の状況を見つめる努力をし、自分なりの羅針盤をつくるということを心がけていきたい。

学校の課題をどのようにして解決するのか

佐賀県立小城高等学校教諭　**園田敏博**

私は、39歳のときに初めて進路指導主事を拝命し、その学校で５年間務めました。その学校では、30代で主任になることは珍しいことであり、また私自身も「何をするべきなのか」「何から取り組めばよいのか」を正直理解できていない状態でした。しかし、「何としてもこの学校を、目の前の生徒をよりよい方向に進ませたい」と管理職の先生に負けないぐらいに考えていました。今回はその学校での主な実践例とその実践を通して気づいたことや考えたことなどを中心に寄稿させていただきます。

１　進路指導主事として主に取り組んだこと

学年ごとに取り組んできたことを体系化し、学習指導・進路指導・生徒指導を学年ごとにすべて月単位での表にまとめて指導の統一化、可視化できるようにしました。教務主任、生徒指導主事、各学年主任と協議しながら作成し、意識の統一を図ることができました。また、担任をされる先生方からは、これで見通しを持って生徒への指導ができるなど好評でした。次に、進路連絡会や進路検討会を全学年とも７月、12月、１月（１・２年生は２月）に実施しました。各学年で検討・協議することを絞り、どのようにすれば生徒の可能性を広げることができるかを最重要視しました。さらに、学力を向上させるために、県の研究指定を利用して、生徒の実態と課題を分析し、必要な手立てを講じました。また、個別指導を体系化し、２か月ごとに、担当者会を実施して、現状の把握と課題を共有し、今後の指導方針を立案しました。

２　学校の課題をいかにして見つけるか

どの学校にも、学校目標や数値目標があります。これは、学校を卒業したときに、生徒に身につけてほしい力、身につけるべき力を表しています。一方で生徒は、学校生活を通して様々な力（学力も含む）を身につけています。そこで、「学校目標－生徒が身につけた力（現状）」として学校の課題を見つけています。特に重要なのが、生徒の実態です。教師は、生徒を評価するときに、周りの教師の評価やこれまでの経験などを参考にしがちです。しかし、先入観を抜きにして生徒と関わっていくことで、本当の意味での生徒の実態が見えてきます。また、同じ学校に勤務している同僚や事務の方とも話をすることで、生徒の情報を多面的に捉えることができます。また、学習指導要領も改訂されるため、学校の課題もより多岐にわたり複雑化してきます。そのため、必要な情報を取得・熟読・整理し、課題を明確にして、優先順位を付けることが重要です。

３　学校の課題を解決する方法とは

①チームを作り、課題や考えを共有する

学校の課題を解決するには、当たり前ですが、チームを作り、課題や考えを共有することです。多くの場合、学校の課題は、個人の力だけで解決できるものは皆無です。また、チームの長は、運営委員会などに参加できる先生が務めるべきです。校内外の様々なことや学校全体に発言できる機会を持っていることは、課題を解決する上でかなり重要です。さらに、チームの長は、活発に意見を交換できる雰囲気作りが大切です。

②小数精鋭でPDCAを作り、研究指定や先進校視察などを利用して、チームで解決しながら、全体に広げる

次に解決へのPDCAを作ることです。このPDCAを作る際は、チームで中心的な役割を担っている、これからを担うべき先生とし、小数精鋭で担当します。そして、作成者を中心にこのPDCAに基づいて実践します。すると改善点が出てきます。この改善点をチームで短期型改善と長期型改善に分類・議論して、よりよい解決の方法について検討し、PDCAを改訂します。このように実践したことについて、取り組みやすいものから順に、周知して、共通理解を図ったうえで、職員全体で実施していきます。学校だけの力で解決しにくいことや解決策が見当もつかない課題もあります。このようなときは、外部の機関からの研究委嘱を利用したり、先進的な取り組みで成功した学校を訪問し参考にします。これにより、学校全体を巻き込み、職員全体に当事者意識を持たせることができます。さらに、新たな視点で学校全体を見渡すことがで、新たな課題を発見できます。

最後に、学校の課題を解決するには、結局、私たちが当事者意識や危機感を持ち、改善や解決したいと考え、実行するかだと改めて痛感しています。

共有と協働の大切さを教わったある主事との出会い

佐賀県・佐賀学園高等学校教頭　**古賀　晃**

佐賀学園高校は、開校当初より文武両道を掲げ、勉学と部活動の両立を図るため生徒及び職員が一体となり日々の学校生活を送っています。甲子園大会に6回出場した野球部、選手権出場9回のサッカー部が近年全国大会の出場を逃しているものの、バレーボール部や吹奏楽部が全校大会に連続出場しています。また、特進科である成穎高等部を中心に国公立大学への進学実績を積み重ねています。

私が佐賀学園高等学校に赴任したのは、平成4年のことです。大学を卒業した後、民間企業に4年ほど勤務後退社し、青年海外協力隊に参加しました。協力隊では、数学教師を2年間、アフリカのザンビア共和国の男子校で務めました。もともと教師になるつもりで教員養成大学に進学したものの、民間企業に就職しました。しかし、教師になることへの思いが強くなり協力隊に数学教師として参加し、帰国後佐賀学園高校に採用していただきました。以来28年の間に、生徒指導部長や教務部長、生徒募集対策室長などを務め現在教頭として勤務しています。

私が赴任した当時の佐賀学園高校は、お世辞にもいい学校とは言えなかったように思います。学校行事はおざなりで生徒指導上の問題も多く、途中退学をする生徒も多くいました。職員の間では、どうせやっても無理とか何を言っても無駄といったあきらめムードもありました。そんな中、平成18年にある一人の型破りな元中学校校長が、生徒募集主事として赴任してきました。歯に物着せぬ物言いや相手構わず自己主張する言動で、県内の中学校でも有名な人でした。当然、本校においても同じような態度で勤務されるものですから、私を含め多くの職員は引いた感じで接していました。しかし、彼の行動力は力があり、それまで右肩下がりであった本校の入学生の数は一転し、見事なV字復活を遂げて行きました。そうなるとますます主事の発言力が増していきます。生徒募集の主事という立場でありながら、学校が抱える様々な問題に対して、言い方は悪いのですが口を挟むようになりました。しかも強く自己主張されるものですから、担当者は困惑したものです。

そして主事の赴任から４年目、彼の発案で校内にプロジェクト委員会という組織が立ち上がったのです。目的は、学校が抱える問題を分析しその解決策を練り実行に移していこうというものです。私もその委員会のメンバーに選ばれ議論を繰り返すことになりました。関わりを避けたい気持ちに変わりはなく、委員会での彼の発言も痛いところを突いたものが多く、ますます避けるようになっていきました。当時、職員室に入ったときに彼の姿が見えただけで気が滅入ったこともありました。完全に心に壁を作っていました。

そのような感じでいたのは私だけではなく他の委員も少なからず同じ気持ちだったと思います。しかし、この学校がこのままでいいと思っている者は一人もおらず何とかしたいという気持ちは強くありました。すると、会を重ねるにつれ微妙な変化が現れてきます。それは、主事の気持ちも我々と同じで、この学校を良くしたいだけなのだと理解し始めたからです。そして、心の壁を取り除くことができたのです。委員会の話し合いは白熱し、皆が知恵を出し合いそれこそ激論を交わすこともありました。しかし、そこには目標を一つにした者同士の信頼関係ができていたように思います。

学校改革にあたりまず手を付けたのは生徒会活動でした。生徒会の組織はあるものの全く自治的な力はありませんでした。そこで、じっくりと話して聞かせ指導した後は、彼らに任せてみたのです。それまで、教師の言うとおりにしか動けなかった生徒会の活動がみるみる変化していきました。学校行事が活発になり全校生徒が積極的に活動に参加していきました。それまで、集会では生徒の私語が多く、話している人の声も聴き取りにくい状況だったのですが、生徒たちが司会進行をするようになって私語がほとんどなくなりました。学園祭などの学校行事を生徒主体で企画運営するようになり全校生徒の関わり方も積極的になりました。生徒の積極性は、学校生活の様々なところで好循環を生み出していったのです。

一連の経験から学校を変えるために一番大切なことは、成し遂げたいと思う強い気持ちあるかどうかだと思います。その強い気持ちを関係者が共有し協働することです。そして、きちんとしたPDCAサイクルに沿って進めていけば学校は変わることができると思いました。

特別支援教育とネガティブケイパビリティ

鹿児島県立鹿児島聾学校教頭　**萩之内　靖**

1　はじめに

これまで小学校で15年、特別支援学校で８年、教育行政を５年間経験させていただいた。特別支援学校での高等部勤務、そして教育行政において高等学校の特別支援教育推進を担当した経験を中心に紹介したい。

2　特別支援学校高等部支援教室の整備

本県の離島（奄美大島、種子島を除く）では、義務教育を修了すると、特別支援学校が設置されていないため、生徒たちは進学のために「島立ち」と言って生まれ育った島を離れなければならない。後期中等教育を学ぶ手段として、一家転住または、寄宿舎への入舎などを余儀なくされていた。

この課題を克服するため、本県では平成22年度から「高校校舎を活用した特別支援学校高等部訪問教育」を実施し、平成30年度からは「特別支援学校高等部支援教室」として、５島の高校内に特別支援学校分教室と類似した環境を整備した。支援教室の生徒は、芸術や保健体育、特別活動など、可能な限り高校生との「交流及び共同学習」として、共に学ぶ機会を設けた。

私がこの施策に携わって得た成果としては、無理な島立ちは必要でなくなり、また島民や高校生との温かい交流の機会が生まれたことだ。課題はまだ山積しているが、高等学校と特別支援学校の相互理解が深まったことで、両校の生徒たちが相互に知恵を出し合い、課題を解決していく姿を垣間見て、胸に熱いものが込み上げてきた瞬間を、今でも忘れられないでいる。

3　高等学校における「通級による指導」の開始

平成30年度からは全国的に、高校でも特別支援教育に関する教育課程編成が可能になり、「通級による指導」がスタートした。私は過去にコーディネーターとして、県内の各高校で発達障害等で苦悩する生徒や保護者、教職員の相談対応をしてきたので、この道の開拓は険しくもやりがいのある事業に見えた。

平成29年度から本県では単位制高校を研究指定校として設置し、コーディネーター教諭と、授業実践教諭、そして、管理職をはじめ特別支援教育推進委員会と、協働して新しい校内支援体制を構築してきた。

私は、他県先行事例を研究し、自身が経験した小学校通級指導教室で得た知見と国立特別支援教育総合研究所での研修内容などを生かしながら、充実した高校生活や進路指導の実証研究に取り組んだ。

高校の先生方からは厳しい意見も確かにあったが、例えば目の前の発達障害等で苦しむ生徒を「何とかして救いたい、自立してほしい」と願う思いは共通していた。高校でも生徒や保護者等の心をほぐすことが支援の一歩だと思うが、それは「通級による指導」のねらいと全く重なる。いわば特別支援教育は、日常行われるストレスマネジメントや教育相談の延長線上にある。そのことの実感は、これからの拡がりを予想できる希望の一つとなった。

４　ネガティブケイパビリティ（答えの出ない事態に耐える力）

新学習指導要領に基づく教育実践が求められ、一方で働き方改革による業務改善が叫ばれる教育現場では、ついついマニュアル的なものに頼ろうとする傾向はないだろうか。だが、現実は、多様化の中で解決困難な場面は増えるばかりで、マニュアルは通用せず、途方に暮れることもしばしばある。

教育に携わる者に真に必要な能力は、性急に問題を解決しようとする力ではなく、実はその事態に耐える力（ネガティブケイパビリティ）ではないだろうか。どうにもならない問題に出くわしても、共感していくうちに、一つの解決につながることもある。そんな気持ちを堅持しつつ、腰を据えて日々の教育実践に励んでいくことが大切であると思う。

参考文献：帚木蓬生『ネガティブ・ケイパビリティ』朝日選書、2017年

特別支援教育の視点から

長崎県立鶴南特別支援学校副校長　**小川由香**

これまで、高等学校の教員として学校現場で長く勤務をした後、県教育庁高校教育課、県教育センター、文部科学省研修と９年間教育行政に係る仕事をさせていただきました。その後２年間、高等学校の現場に戻り教頭として勤務しましたが、本年度（2019年）から特別支援学校で勤務することになりました。これまでの高等学校教育を中心とした世界から、特別支援教育と義務教育の世界に身を置くことになり不安もありましたが、未知の分野を勉強する機会を与えていただいたと考え、新たな気持ちで勤務を始めました。ここでは、これまでの勤務と、現在の特別支援学校での取組について書かせていただきます。

県教育委員会での勤務の後、文部科学省で勤務させていただく機会を得ました。業務に関しては、職員のプロフェッショナルな仕事ぶりが印象的で、異動したその日から、その業務に関わるプロとして頭を切り換え、的確に業務を遂行する自信に満ちた姿は、生徒の前に立つ教員として見習うべきものがあると思いました。また、全国の様々な高等学校等を視察させていただく機会もいただき、それぞれの学校で自らの考えを自信を持って語る生徒たちの姿、またその生徒たちを熱心に指導する先生方の姿を目にして、これからの日本の教育の方向性を実感し、視野を広げることができました。

文部科学省での勤務の後、久しぶりに戻った学校現場では、学業と部活動に全力で取り組む真摯な高校生の姿を目にすることができました。地方の学校にいながらも、全国制覇や世界大会メダル獲得を成し遂げる生徒たちの日々の努力と、夢を実現するための行動力等に感嘆し、常に全国や世界の舞台を意識して、着実に目標の実現につなげる姿を頼もしく感じていました。日々驕ることなく、落ち着いて学校生活を送る姿にも感心し、長崎県の高校生も素晴らしいと再認識し、誇らしく思いました。

今年度の異動で、特別支援学校で勤務をすることになりました。勤務校の鶴南特別支援学校は、長崎市の南端にある知的障害教育を行う学校で、眼下に世界文化遺産に登録されている端島（軍艦島）を見下ろす風光明媚な高台にあります。離島部の五島市と長崎市の北部に位置する時津町に分校を、西海市に高等部分教室を持ち、県南地区の特別支援教育のセンター的役割を担う学校です。

知的障害教育では、子どもたち一人ひとりの言語面、運動面、知識面などの発達の状態や社会性などを把握したうえで、生活に役立つ内容を実際の体験を重視しながら、個に応じた指導や少人数の集団で指導をしていきます。本校の児童生徒の実態に応じた教育課程を編成して、小学部では、基本的な生活習慣（排泄、着替え、食事等）や日常生活に必要な言葉の指導などを、中学部では、それらを一層発展させるとともに、集団生活や円滑な対人関係、職業生活についての基礎的な事柄の指導などを、高等部においては、家庭生活、職業生活、社会生活に必要な知識、技能、態度などの指導を中心とし、農園芸、木工、窯業、清掃作業等の作業学習を実施しています。

また、本校では県の研究指定を受け、本年度まで３年間、特別支援学校におけるキャリア教育の研究に取り組んできました。「人と社会とつながり、自分らしく豊かな生き方を実現できる力を育てる」を目標に日々の教育活動を行い、児童生徒の「できた！」という成功体験につながるよう、「育てたい力」として、それぞれの部で細かな目標を設定し丁寧な取組を続けています。

これまでの高等学校での教員生活を振り返り、生徒の「できた！」という喜びを共感できる機会が少なかったのではないかと反省しています。高等学校等での勤務の中で、これまで実践できていなかったことへの反省の意味も込めて、業務に取り組む上で現在心がけていることを挙げます。

1　新たな役職や勤務地においても、常にプロであるという自覚を持って業務に取り組むこと。

2　常に広い視野で物事を捉えつつも、現在の業務に精一杯取り組むこと。

3　日々の学びと達成の喜びを児童生徒と共有すること。

4　児童生徒の力と可能性を信じ、最大限の支援をすること。

これからは、常に児童生徒の学びと成長に寄り添う姿勢を持ち、様々な教育活動の中で子どもたちを支援していきたいと考えています。

危機管理に必要な経験値

沖縄県立浦添高等学校教頭　**金城栄一**

私が教員になろうと思ったきっかけは、部活動でした。中学で野球部に所属し、その顧問と部員に恵まれたことがその理由です。また、数学が得意で教えることが好きでした。高校に進学すると数学に関する興味関心はさらに増しました。数学の問題を解く楽しさ、教える楽しさが、教師になりたいと思う気持ちを後押しし、大学へ進学しました。

教師としてスタートした際は、多くの挫折を味わうことになりました。それは、数学を教えることと部活動で楽しく仕事ができるということが教師になる理由であったからです。教育学部出身でなく臨任経験のない私にとって担任として45名の生徒をまとめることはとても大変なことでした。私は、常に「自分が生徒の立場だったら」ということを第一に考え、行動することを心がけていましたが、教師側の立場、保護者側の立場、いろいろな調整が多く、うまく決断できない日々が続き、悩むことも多くありました。幸いに同僚や上司に恵まれ、失敗しながらも教師を続けています。

さて、今私は教頭という教諭の時と比べものにならないほど多くの決断を求められる立場にあります。教頭として初めて赴任した学校では、地震津波の研究指定を受けていました。その関係で、独立行政法人教員研修センターでの健康教育指導者養成研修（学校安全コース）に５日間参加することができました。そこでは、学校安全についての講義が多くあり、学校で起こっている事件事故について知ることができました。池田小学校や大川小学校で起こった出来事や部活動中に心停止した生徒への対応等、自分が当事者だったらと考えると恐ろしくなりました。その時、私の中で危機管理に対する意識が高まりました。事件事故が起こらないように事前の対策が一番重要ですが、万が一起こった場合の被害者への対応、マスコミへの対応もすごく重要だと思いました。事実や根拠に基づいた誠意ある対応ができるよう努めたい。

これまで私は、大きな事件事故に関わったことはありませんが、部活動でのケガや持病の発作等による救急車の要請等は多く経験しました。その中で、持病の発作を起こした生徒の対応について、養護教諭の手際のよさに驚きました。発作発生時刻や容体の変容など、時間を細かく確認し、救急車到着後の救急隊員の質問に的確に瞬時に応えていました。事件事故発生時の時間の経過をメモすること、容体の変容などの観察力はとても重要だと思い、私もそれ以来状況の変化等常に時間と併せて記録することを心がけています。

教頭になって最初に思ったことは文書処理の多さですが、教頭の仕事は文書処理等のデスクワークだけでなく多岐にわたり、学校で起こりうるすべてのことに対してある程度の知識を有し、適切に判断する必要があります。そして、その判断については、じっくり考えて判断する場合と即座に判断しなければならない場合があります。前者については、同僚や上司または先輩等に助言をいただくことも可能ですが、後者については、自分自身で判断しなければなりません。同じ事例でも時と場合によっては対応が異なると思います。判断する際に重要となるのが根拠です。私は３年間行政で勤務したことがあります。そこでは幾つかの事業を担当しますが、事業を行うために予算を組み、予算書を提出した後は、財政課でのヒヤリングに臨みます。その際にしっかり説明ができなければ、事業が行えなくなる可能性があるため、必死に準備しました。そこで、根拠の重要性について、多く学ぶことができ、示し方についても工夫が必要であることがわかりました。その時の経験が教頭となった今、とても役に立っています。

以前、テレビである外科医が手術をする前に、頭の中で一度シミュレーションを行うと話していました。だから実際の手術は二度目になるため、手術の際に起こりうるトラブルにも対応できるとのことでした。なるほどと思いました。教頭として適切な判断をするためには、知識はもちろんのこと、学校現場で想定される事件事故について整理し、発生後の状況をシミュレーションするなどの準備が必要だと思います。そのためには、情報収集・分析力が求められます。そこで大切なことが経験値です。実際に目で見て、耳で聞いて、肌で感じることで正確な情報が得られると思うからです。今後も、職員・生徒・保護者と関係を密にし、コミュニケーションをとりながら経験値を高めていきたいと思います。教頭の仕事は、とても大変な仕事だと思いますが、やりがいのある大切な仕事だと思います。

地域とともにある学校づくり

北海道恵庭北高等学校教頭　**堀尾　秋功砂**

私が教頭職を務める上で、私を大きく成長させてくれたきっかけは、教諭時代から振り返ると社会教育に携われたことである。20代後半の時に、北海道の中央部（道央地区と呼ばれる）の農業を基幹産業とする町へ社会教育主事（社会体育担当）として勤務することになった。職務は主に、町教委主催スポーツ振興事業及び幼児から高齢者までのスポーツ教室の企画運営、各種体育関係団体への指導・助言、体育施設の管理等々であった。着任当日、関係機関への挨拶を終えると上司から最初に言われたことは、町の道路と人を早く覚えるようにという指示であった。はじめは、この２つが何を意味するのか全くわからず戸惑った。しかし、数日後、町教委主催事業の準備会議を行うことになり出席の可否について電話で体育指導委員、スポーツ指導員の方々に連絡を取ったところ、第一声は、「誰？」、再度自己紹介をして「あぁ、今度来た人ね」であった。会議への出席者も少なく議事もうまく進まず、改めて会議を設定することになった。会議後、上司から社会教育、特に体育は、事業の内容も大事だが、どれだけ多くの人の協力を得られるか、そういった人たちとのつながりや協力がなければ成り立たない事業が多いと指導を受けた。以降、社会教育関係団体の役員の方々との対話や意見交換を大切にしながら、４年間社会教育に携わらせていただいた。その間、老若男女多くの人との出会いから、いろいろなことを教えてもらいながら、ものの考え方や内面的な成長をさせていただいた。

社会教育を経て30歳前半、オホーツク海沿いの１学年２クラスの小規模校へ着任した。勤務した学校は、地域の学校という感じであった。そのため、PTA、同窓会さらに地域の有志の方々で構成されている振興協議会があり、三者とも非常に活発に活動し学校との関係も良好かつ連携も密であった。４年間のブランクを学校現場に感じながらも、社会教育で学んだ人とのつながりの大切さを生かす良い機会となった。赴任した年の５月、教頭に社会教育にいたのだから校庭、グラウンドを使ってパークゴルフのコースを設計するよう指示を受け、振興協議会からの用具購入等の支援及び先生方、校務補さんにコース造成の協力を得て７月に完成した。地域住民へ用具の貸し出し、コースの開放を行い、地域に学校の様子を知ってもらう良い機会となった。翌年から社会福祉協議会と連携し高齢者と高校生のパークゴルフ交流大会を行うようになった。また、総合的な学習の時間では、関係機関の協力を得ながら地域の教育力を活用した、様々な講座を開設することができ、改めて地域とのつながりの大切さと地域の教育力の大きさを学んだ。

私は、教諭で一度、教頭として二度、合計三度の周年事業・記念式典を経験している。周年事業・記念式典は、学校、PTA、同窓会の三者が一体となることが求められる。また、生徒にとっても記念する年に母校に在籍していた誇りを感じるとともに、素晴らしい式典を作り上げることにより自信にもつながる。教頭として、周年事業・記念式典に携わったとき、校長の意を体し、どのように教職員をまとめ、そしてPTA、同窓会と連携を図りながら、地域から素晴らしい周年事業であったと評価をされ、そして生徒の誇りと自信につながるものにできるかを考えていた。幸いにも私が勤務した学校は、校長のリーダーシップのもと教職員とコミュニケーションが図れる環境にあり、日常業務に係る情報交換にも協力的で、円滑な学校運営ができた。そういった中で行った周年事業・記念式典は、どれも地域から高い評価をいただき、当時の生徒たちの誇りと自信につながった。これらの経験は、私にとって忘れられない経験であるとともに、かけがえのない宝物である。

教頭職を務める現在、これまでの経験を生かすとともに、私が仕えた校長からいただいた指導・助言から、常に意識している言葉、迷ったときには、「すべては子どもたちのために」「子どもたちのために何ができるか、どうするべきか」を考える学校運営に心がけている。

最後に学校の核となるHR担任、主幹教諭やミドルリーダーを務めている先生方へ。変化の激しい社会、さらに学習指導要領の改訂、多様化する生徒や保護者への適切な対応など、教師に求められることが増えている。だからこそ不断の研鑽を積み自らを高め、子ども達の自信と誇りにつながる教育活動の実践に努めてほしい。

一言芳恩

熊本県立阿蘇中央高等学校副校長　**米村祐輔**

熊本県で講師４年、山口県で教諭３年を経て、熊本県の教諭となった。講師時代は、周りの先生方が私に授業の仕方や採用試験の課外を幾度となくしてくださったお陰で、熊本県で園芸の募集がない中、山口県に採用され、養護学校に赴任した。この３年間は、他県の教育文化、特別支援教育の奥深さに触れる良き機会となったが、家族の事情等で熊本県を受け直すこととなった。

熊本県に採用されてからは、野菜の教科担任及び学級担任業務等に従事させていただいた。この20代は、管理職や先輩教師から「授業で勝負、授業で学習指導だけでなく生徒指導、進路指導もできる教師であれ」とよく言葉をかけられた。この言葉が私の座右の銘となっている。熊本県での初任校３年を終えて、２校目の高校へ異動の時、異動先の校長先生の「あなたは、野菜の教科担任として赴任してもらう」という言葉に「教師として、授業を評価してもらった」とありがたく思ったことを鮮明に覚えている。２校目の高校は、中山間地域の過疎化が進む町にあった。赴任当時は６クラス規模であったが、９年後異動するときには近隣の２クラス規模の高校と再編統合して３クラス規模の高校となった。この高校では、担任、学年主任、学科主任、農場長、生徒指導主事、高校再編整備準備室員と多くの経験をさせていただいた。30代前半からの経験ということもあり、わからないことばかりであった。

そこで、役職ごとに師匠をもうけることにした。県下でも野菜の授業が上手と言われている先生、クラス運営が上手な先生、学年主任、農場長、生徒指導主事とそれぞれ５名、私の中で師匠を置いた。５名にしたのは誰か一人だけを崇拝せず、自分をしっかり持ちながら、５名の師匠を超えて行きたいと思ったからである。野菜の先生は他校の先生だったので、朝、農場を巡回した後、毎日電話をした。生徒指導主事を受けたときは、10年目経験者研修の講師の方の取組に感動し、会話もしたことがなかったが「初めてで何もわかりません」と相談すると、５年分の資料が送られてきた。また、農場長を務めていた時、普通科の校長先生から、農業教育の意義を何度も問われたことがある。その都度の浅い返答を反省し、その後、その答えを見つけるために、本を何冊も読み、実践を重ね、考えを深めるようになった。18年経過した今、返答するならば、次のように答えを返したい。「農業には陶冶性があり、自然の摂理、人間の英知が含まれている。まず、自然の摂理を知ると『自然はすごい』と思うようになる。一方、人間は農業を営む上で自然に順応できる作物を栽培し、動物の生理生態を巧みに操る知恵を生み出してきた。このことに気づいたときに、次に『人間はすごい』と思うようになる。やがて、そのような農業に携わることができるようになる自分に対しての肯定感が生まれる。そこに、単に命を育て、額に汗をかくことの尊さ以上の意義があると思う」と。あの問いのお陰で随分学習を積み、考えるようになった。

その後、前期高校再編整備準備室の経験から、教育庁高校教育課で中期再編統合等に携わり、指導主事・教頭として後期再編統合に関わり、高校再編を９年間経験させていただいた。行政の経験は、教育をあらゆる角度から見る機会となり、端的に自分の思いを人に伝える大切さを知った。高校再編統合では、地元にとって高校が無くなることは死活問題であるため、肝胆を砕き、目的について説明し、理解していただいたとしても、行政、地域両方の思いを相照らすことは困難であることを身にしみて感じるものであった。

教頭としての２校目は、特別支援学校であった。この経験は、管理職として学校運営に携わる上で貴重な経験となった。山口県で特別支援教育は経験していたが、二度目の経験でさらに、特別支援教育の系統的、横断的で緻密な計画、根拠に基づいた教育手法に特別支援教育の大切さを再確認し、高等学校も学ぶべき点が多いことに気づかされた。

現在は、県下で初めて設置された、普通、農業、工業、商業、家庭の系列を有する７クラス規模の総合学科の高校で副校長を拝命している。郡部の高校でありながら募集定員を充足することができている総合学科教育の奥深さと、今までの経験をつなぎながら多様化する生徒に、より良い教育をどのように提供すべきかを学んでいるところである。

振り返ると管理職や諸先輩方から、多くのスキルが身につくように仕掛けをしていただき、仲間の先生方の支えもあり、私自身が目指す学校運営も見えるようになってきた。多くの方から、賜った一声、誠に感謝である。

二兎を追うもの、三兎も獲る

沖縄県立那覇国際高等学校教頭　**大城　正**

現在、普通科・国際科のある県内有数の進学校で教頭を務めている。現任校には、平成10年の設立当初から７年間勤務したこともあり、あの頃中堅教員としての責任も加わり、奮闘した記憶がある。今度は教頭としての違った立場から現任校のために何ができるかを模索している。

そこで、私自身がこれまで経験してきたこと（教諭・教頭時代）を振り返ってみたい。

1　あこがれの上司に学ぶ

伝統校での教諭時代、大変お世話になった上司がいた。ある意味、この上司との出会いによって管理職を目指すようになったと言っても過言ではない。常にこの上司が私に語ってくれたのは、教員は、自己の使命を自覚し、その職責の遂行に努めなければならない。教員には高い専門職が要求される。生徒に学力をつけることなしには教員の専門職性は語れない。もし学力をつけることができない教員がいるとすれば教員失格である。教員は、「生徒に基礎学力がないから」「学習意欲がないから」「家庭学習時間が少ないから」など、学力不振の原因を生徒に求めない、等であった。このことを常に肝に銘じて日々生徒の進路実現、授業力向上に向けた取組を行ってきた。

2　教科指導で心がけたこと

はじめに、教科会においては、共通理解を常に心がけ、チームワークを確立する必要がある。そのために、教科指導向上を目指して積極的な授業観察を実践した。また、研修会や先進校訪問等に参加した職員による発表や生徒の学力向上に向けたアイデアの話し合い、共有化を図った。次に、年間指導計画の作成である。この１年間、そして３年間を見据える形での年間指導計画の作成が大切であるが、どのような目標を持って、どのように授業を進めていくか、各単元の時間数、小テスト実施時期、課題計画、評価等を含め、教科会で話し合った。このような話し合いはかなり負担であったが、確実に生徒・職員の力になった。

３　進路指導として

進路指導に携わり、数多くの先進校へ訪問することができた。はじめての先進校訪問（長崎県）では、生徒たちが当たり前のことが当たり前にできること、部活動、勉学、挨拶のどれをとっても本県のどの学校でも参考になることに普通に取り組んでいた。先進校訪問を通して、他県の取組をそのまま実施するのではなく、学校にあったバージョンに変えて実施した。その結果、徐々に進学率も上昇し、国公立大学を３桁まで伸ばすことができた。また、私自身、キャリア教育に興味があり、進路指導を行う上で常に高校卒業後の４年先を見越した進路指導を教員へは口酸っぱく言っていた。生徒が４年先を考えることで自分自身の文理選択、大学選びまで真剣に考えてくれる。

４　教頭として

今でもハッキリと覚えているが、教頭としてはじめて赴任した学校で朝誰もいない職員室へ入り自分自身の机の整理をしていたときに一本の電話がかかってきた。この内容が早朝講座問題に対する抗議の電話であった。30分近くの抗議の電話後、校長へ報告した。その時、「これから大変なことが起こるぞ、常に気を引き締めていかないといけない」と実感させられた。そして実際、その早朝講座の解決に向けた取組は半年近くの時間がかかった。

２校目は、コース制を敷いている、生徒の自己肯定感の低い学校だった。そこでは、生徒会を中心に地域とのつながりを重視しようと考え、そのアイデアを地元の市長へ直接会い、提案することができた。また、市長へは、学校の学習環境を高めるためにiPadの無償提供もお願いし了承していただいた。それを利用してサプリを活用し、これまで国公立大学０～１名台だったものが６名と増え、職員も大いに喜んでくれた。３校目では、「二兎を追う者、二兎（部活動と勉強）」を獲る。さらに、「二兎を追うもの、三兎（部活動、勉強、行事）も獲る」をモットーに取り組んできた。また、先生方と「これからの学校・生徒・地域をどうしていきたいか」についてざっくばらんな意見交換を行い、この内容を参考にした進路指導、教育課程づくりを行った。また、LHRを使っての職員対象のキャリア教育校内授業を自ら行い、これからの社会で求められる学力とは何かについての勉強会を行った。職員からたくさんの意見交換ができたのは大変良かった。

自らの個性を生かし、役割を果たす

北海道旭川東高等学校校長　**小林為五郎**

「教頭時代が最も楽しかったな」と、思う今日この頃である。確かに忙しい、でも職員室が変わり、生徒が変わるという実感が持てたなら、こんなやり甲斐のある職はない。

1　4月1日の赴任日

午前中に移動し、午後に引っ越し荷物が届いて搬入が始まった頃に、学校から呼び出しが入った。「生徒が逮捕されたので、校長室に」。この時、私と同時に赴任した校長と新たに生徒指導部長となった教諭との初顔合わせとなり、教頭としての任が始まった。

2　校長の補佐役として

学校長は、常々「好きにやりなさい」と言ってくれた。一番覚えているのは、「仕事のほとんどはやっつけだと思いなさい」という言葉である。信頼して、待っていてくれ、時には適切な助言をいただき、充実の２年間となった。教頭職を務める中でのいくつかの気づきを挙げてみる。

・校長の後ろには誰もいない→世間はこの判断で許してくれるのか？　教職員みんなが間違っているのではないか？　という視点
・「学校は一生懸命やっているから大丈夫」←根拠のない安心感
・評価から改善のプロセスがない（学校評価）←学校の弱点
・学校は組織の体をなしているか？
・本来やるべきことをきちんとやることが、学校の責務
・ミスが浮かび上がるようなシステムをつくることが肝要（入学者選抜業務）→気合い、ふんどしを締め直してはダメ
・教頭は職員室を任せられる人、先生は教室を任せられる人

3　職員室の担任として

最前線で実践している先生方を、その実践内容や施設設備の改善や予算面で支援し、モチベーションを維持・向上させ、うまく運営し改善していくことが教頭の役割である。

・今日は、虫の居所が悪いから言っているのではないか？　と先生方に思われないように自問自答をしながら発言しなければならない→「ここだけの話」は信用されない
・先生個人の能力とやる気のバランスを考えながら対応すること
・雑草取りではないが、得意・不得意の先生は無くすこと、まんべんなく
・職員室は一見、和気藹々にみえる→互いに表面しかいじらないから
・小さな研修の機会を大切に→先生方は勉強をしていない、できない実態
・「意識改革」→何をどうするかを具体的に言わないとわからない傾向
　　　　　　　小さな改善の積み重ねで、具体的に方向を示していく
・「忙しい」という言葉は、軽々に使わない、使わせない

４　地域、家庭とのパイプ役として

学校に文句を言ってくる人をクレーマーだと思う率が最も高い業種が教員である、という話を聞いたことがある。教頭は窓口。すべてを苦情と思うと気が重くなる。貴重なご意見として受け止め、それをエネルギーに変えれば学校の応援団は増える。

・苦情の趣旨は何か？　奥底、根底、背景をつかむ
・事務室と職員室の連携・情報交換を密に→言いづらいことも隠さずに、どういう保護者なのかの共有
・業者（外部）との約束をきちんと守ること、先生方には守らせること→信用の構築につながる
・危機管理の「さしすせそ」を徹底→最悪を想定して、慎重に（見通しと適切さ）、スピード感をもって、誠意ある対応、組織として

５　まとめとして

校長先生には、「あなたが校長なら、どう判断する？」と常に問われていた２年間でもあった。私は、強い個性を持ったリーダーでもなく、背中を見せるというリーダーでもない。何となく入り込んでその気にさせて動かす、というタイプなのである。それぞれの個性をもって、教頭を楽しんでほしい。

「意識」と「しくみ」を変える仕掛けづくり

長野県長野西高等学校教頭　**山田純子**

教頭になって最初の勤務は夜間定時制だった。都市部の大規模な進学校に併設された、４学年約100名の生徒と11名の職員と共に２年間を過ごした。知らない土地で単身赴任。「女性の教頭が来るなんて、この学校も県教委から女性でもできる楽な学校だと見られてるってもんだ」と言われ、初仕事の喫煙の反省解除申し渡しでは、私より何倍も重みのある生徒指導主事の言葉に挫け、書類仕事は全日制教頭に基本から指導を受けなくてはできず、不甲斐ない気持ちでの始まりだった。人懐こい生徒が暖かく迎えてくれた。ほとんどが中学時代不登校だった生徒、支援学級だった生徒、病気を抱える生徒、外国籍、社会人経験を経てきた生徒たちだった。不安感が強く自信がなかったりつらい経験をしてきたからこそ他人に対して優しく思いやりがあり、絶妙な距離感をもった集団をつくる一方、挫折しやすく、学校と連携しにくい家庭が多いため、高校生活を継続できなくなる事案も多かった。

定年前後の経験値の高い教員が多数を占め、生徒に丁寧に暖かく関わるが、生徒に対する評価が低く、できる範囲でやればいい、できなければしょうがないという姿勢や、担任だけが忙しく自分の仕事で手一杯で協力しない様子を何とかできないだろうか、せっかく定時制で頑張ろうとしている生徒にあきらめてほしくない、可能性を捨てないでほしいと思った。生徒の悩みや不安に最も寄り添って支えている若い養護教諭は、担任に何か言っても拒まれると不全感を感じていた。この養護教諭が活躍する生徒支援体制を定時制の中心にし、協力して生徒を育てる教師集団にしたいと思った。教頭と養護教諭で事が手遅れにならないようにと、カウンセラー・スクールソーシャルワーカー・サポートステーション・児童相談所・市の子ども課等に関わってもらい、それを整理し担任に頼られるようにすることで養護教諭に自信をもって発言してもらえるようになった。問題が起きて学校長に相談するとよく、「トラブルは作り変えるチャンスだ。ただし、初めに面倒なことを省くともっと大きなことが起こることになるから、取り掛かりで読み間違えないこと。最悪を想定して事を始め、最悪よりましで収めるつもりで」と言われた。そう臨んで保護者や生徒と全力で関わり、得た情報を共有して対応を振り分けていくことができるようになっていった。ただ状況が明らかになった時にはすでにこじれてしまっているケースも多く、それはすべて初めに見落としたか、できない人に任せてしまった失敗だ。「できない人にできないことをやらせるのではなく、その人ができなくても機能する仕組みをつくる」これも学校長から言われて肝に銘じている言葉だ。

定時制は４年間で80単位を修得して卒業するのだが、特設科目を授業時間前に設定して74単位修得できれば３年間で卒業できる三修制がある。しかし特設科目は14単位分しかないため入学時に三修制を選びすべて修得しないと３年間で卒業はできない。途中で三修制に変えることはできないし、一つでも落としたらやり直しがきかない。外国籍の生徒にとっての古典や、義務教育レベルのつまずきのある生徒が数Ⅱで挫折して意欲をなくすのを何とかできないか、例えば検定や就業体験等を増加単位にして補えないか、特設科目の教科を変えられないか、特設科目を増やせないか、多様な生徒が多様な方法で学べるしくみはできないか。中学時代不登校であっても高校入学をきっかけに変われた生徒がもっと頑張れるしくみはつくれないかいろいろな方法を考えては職員室で話題にし、「まあ、教頭さんがそういうのなら……」と方向性は賛同してくれるようになった。担任と副担任が２人担任のように役割分担しながら手厚く生徒を見ていくルールをつくった。

全日制への異動が決まり、最後に校長が校長室で私に励ましの言葉としてくれたのは、「学校はいろいろな先生がいて、それは強みでもある。変えていくことは簡単ではないが、心ある人は必ずいる。良くしていこうとする人がものが言える（学校の中心になる）ように、そのためにいろいろな仕掛けをつくって『意識』と『しくみ』を変えることだ。生徒を明るくする（明るい芽を育てる）働きかけを誠実に続けること。学校という鍋の火加減をよく見ながら様々な手を使ってみて、ぐつぐつしてきたらその勢いで行くのだよ」と。そして「一人ひとりの生徒をとことん大切にする教師を育てて」と。私を勇気づけ続けてくれる言葉を胸に、先生たちの声を聴きながら仕掛けづくりに励んでいる。

おわりに

私は退職して本年（令和２年）で24年目となりました。

退職後、教育機関顧問として関わらせてもらったことから、今日まで文部科学省をはじめ、各県教育委員会、大学、短大、高等学校を訪問させていただき、退職後も幅広い観点から、多くのことを学習させていただきました。現在、長年、お世話になった恩返しとして社会貢献に努めています。

全国の校長先生方の今後のつながりづくりや、連携して、今後の日本の未来のために貢献していきたい気持ちから、「はじめに」で記したように過去２年間、校長先生方の出版をさせていただいたところ、多くの先生方から情報交換等に役立つなどと評価をいただき、ありがたく感謝しています。

以前から日本の将来を担う若い先生方の今後の連携や人材育成につながるようなものを作れないかという声をいただいていたこともあり、今回は将来を担う89名の先生方から執筆をいただきました。有難うございました。

私の現職の頃とは教育もずいぶん変わってきましたが、私が現職時代に取り組んできたことも、現状と比較していただく観点から何か参考になればとも考え、実践してきたことについて記してみたいと思います。

私は大学卒業後、研究のために１年間大学に残り、教育学、心理学、教育評価、教育統計学を中心に研修しました。

特に心理学は大学２年より心理学研究部で活動していたこともあり、児童・青年心理をはじめ、教育心理、学習心理、臨床心理、発達心理、成人心理など幅広く心理学の全ての先生に、時には一対一で外国の文献等利用するなどして熱心にご指導いただきました。

特に、教育学、心理学の学習は、教師としての心の支えともなりました。

教師となってからは、中学校１校、高等学校３校に計15年勤務しました。

中学校教諭（３年間）

○３年間学級担任を行い、授業は平均週28時間、課外６時間、部活動は文化部（計算尺クラブ）、体育部（陸上部）を担当しました。

○常に生徒の中に入り込んで語り、昼食・清掃も共に行動し、SHR も工夫し、帰りのSHRでは最後は３年間同じ歌を歌い別れました。
○夜は毎晩生徒宅の家庭訪問を行い、生徒の指導や保護者と話しました。
○当時は宿直もあり、代休はなく、月７日から10日宿直しました。中学校の３年間は睡眠１日３時間で通しましたが、充実した日々でした。
○自分が担任した生徒は、１年間のうち30回程度、家庭訪問しました。卒業後、毎年のように学年の同窓会を年に１回開催していますが、現在は70歳を超えている当時の生徒達の成長の過程など観察して、私自身の人生の大きな学び、心の財産ともなり、教師としての喜びを感じます。
○先生方との連携も大変よく、学年団、全校結束した学びの３年間でした。
○３年目、校長より高校教諭受験を勧められ、高校へ異動となりました。

高等学校教諭（３校12年）
○１校目は４つの学科（普・商・農・家）と３つの分校のある高校でした。
○初年度は男子寮の舎監を命じられ、30名余の生徒と１名の寮母でした。
○生活の規律や金銭のことなど配慮しつつ生徒一人一人の世話をし、学習・進路など相談にのり指導しました。保護者との連携も強くしました。
○途中、１か月余り寮母が病気となられ、食糧購入・計画・弁当作り・会計など学校の授業（週18時間）と並行し、よい経験となりました。
○授業は教師の生命であり、教科書研究（数学出版の全教科書を購入し比較研究の実施）・教材研究・数学の先生方との問題研究等推進し、生徒の実態把握しつつ、「わかる授業」「落ちこぼさない指導」「定着を図る指導や評価」など「PLAN DO SEE CHECK ACTION」を徹底しました。
○２年目は１年の学年主任を任命され、入学式の準備から実施、年間計画など４つの学科の担任とも連携し推進し新たな経験となりました。
○運営委員会等にも参加することとなり、学校全体・学年の企画・運営・実施のこと、校長、教頭、主任、担任等の関わりや立場、PTA等外部機関との関わりも大きな学びとなりました。
○２年目から学級担任も行い、中学校同様できる限り、家庭訪問を実施しました。範囲も広くなったので年間５回～６回程度の訪問となりました。
○３年・４年目は進路指導部副主任となり、主任を支え、進学資料収集、整備、生徒面談・指導など学級担任とも連携し、進学を中心とした進路指導の学習を推進しました。大学等の研究も進め、学習を深めました。

○２校目は７年間勤務、最初２年は教務部、５年は進路指導部でした。

○教務では、教育課程、年間計画、それに関わるカリキュラム、時間割編成、教職員の出張、休暇の対策など、教務全般について関わらせていただき、学校の状況など学習となりました。

○進路指導部では、大学研究、生徒の具体的な進路相談や指導など幅広く関わり、全国の国・公・私立大学等の具体的内容の研究を深めました。

○また、生徒の出願する願書、調査書等の点検等も毎年関わり、生徒の実態把握ともなり、学校全体の進路の状況、生徒の状況等深く学びました。

○毎年、県外大学、短大、専門学校等の訪問もあり、関東、関西、中国、四国、九州を中心に５年間訪問し、大学等の各学科の特色や内容、学生の状況、卒業後の進路など学習を深めました。

○全国の訪問を通して知り合った県外の先生方との連携や連絡が取れるようになり、その後の私の視野拡大をはじめ、学習の深まりとなりました。

○当校７年の間の２年間は夜間定時制の授業も希望して実施し、20歳以上50歳代までの働きながら学ぶ生徒の実態の把握、生徒の苦労や努力に寄り添って会話、激励・支援するなど行いました。時間内にいかに理解・定着を図るかなど、私自身の広い視点からの学びともなりました。

○３校目は１年でしたが、校長が学校改革へ向け、新たな方針とビジョンを持って推進されており、校長の熱意を肌で感じやる気をもらいました。

○２年生の担任となり、生徒と対面した当日、夜遅くまでかかり30名余の生徒宅を訪問し、話題となり、生徒・保護者とも姿勢が変わりました。

○学習指導を中心に学力向上へ向け、基礎・基本の徹底、確認テスト、問題集作成、自宅学習の徹底をはじめ、生徒の基本的生活習慣の徹底など具体的取組を教科・学年団で結束して取り組み向上を果たせました。

○保護者との連携も深め、生徒の自宅学習・学力向上に結束しました。特に、12年間の高等学校で、どの学校でも共通して実施したことは、

○ SHR、LHR の工夫・研究をし、学級の結束と活性化へ向け努力しました。清掃時間も生徒と共に行動し、生徒の多くに語りかけも行いました。

○放課後は部活動に取り組み、生徒の教室と異なる特長を観察し、多面的観点からの生徒理解を深め、生徒との人間関係を深める努力をしました。
○中学校同様、夜の家庭訪問等や電話連絡等、積極的に推進しました。
○ PTA 総会には、保護者に全員出席を強くお願いし、学級会にも全員出席を依頼、100パーセント出席がほとんどでした。
○退学、不適応を出さないために最善を尽くし結果も出せました。
3校目の1年が終わる2月下旬、校長より県教委指導主事の志願を勧められ、県教委での試験を受験し、県へ転出することとなりました。

指導主事時代（8年間）

○学校現場を離れ、生徒と関わりがなくなり心残りでしたが、県教委学校教育課指導主事（数学担当）として、8年間勤務することとなりました。
○指導主事として、教科以外に学校訪問、定時制・通信制、初任者研修、高校入試、同和教育、支援学校、衛生看護（技能連携）など担当するとともに、合同での管理職研修、教務主任、生徒・進路指導主事会など、幅広く教育行政に関わって広い視点から新たな学習となりました。
○また、高等学校長期総合計画等にもメンバーとして関わり、学校教育課の枠を越えた多くの方々との交流もあり広い視点を与えられました。
○文部省（現文部科学省）主催の中央研修をはじめ、全国指導主事会、地区や県での教育課程研修会等、文部省、県外等の指導主事の先生方との交流もあり、全国的な観点から幅広い学習ともなりました。特に、中央研修や全国の指導主事会での先生方とは、その後、管理職になってからも交流等継続し、情報交換・学習の場を与えていただきました。

教頭時代（2年間）

2年間、学校現場で先生方や生徒達との交流や実践ができました。
○教頭として、校長を支えるために泥をかぶる姿勢で努力しました。
○文部科学省（当時、文部省）の研究指定推進に積極的に取り組み、そのことが教職員一人一人の指導力の向上、視野拡大、生徒理解の向上につながるよう推進することに努めました。

○校内での各教科の研修会にはできる限り出席し、各教科の状況も学習し、職員とのラポートを高め、実態把握に取り組みました。
○主任等の研修をすすめ、管理職（教頭）昇任へ向けての勉強会や学習支援等、努めました。
○放課後、部活動の状況など見学し、職員、生徒の激励等行いました。
○特に休日等外部での各種大会等には積極的に応援等激励しました。
○危機管理対策等、特に細心の注意で校長・教職員と連携対応しました。
○校長の苦労や、校長の仕事も多く学習させてもらいつつ、自分の立場を一段上の立場で考えることの大切さなど学習させてもらいました。
○九州地区の教頭会等出席をさせていただき、県外の先生方との交流を通して、情報交換・連携づくりなど自己研修にもつながりました。

校長時代（3校12年）

○校長として特に大切にしてきたことは、「現状維持は退歩、挑戦こそ前進」を座右の銘として改革には抵抗が伴うこと、学校現場では高い理想を掲げつつ、現実、進路状況等よい結果（実績）を出すことを自覚し、3つの高校で学校経営に当たりました。校長の姿勢として、逃げない、自ら責任を負う、いざという時は辞表を覚悟することを貫く心構えで努力しました（勤務した3校で、進路実績等、結果を出せたことは、先生方の結束した努力、生徒達の自覚ある主体的な努力、保護者の積極的な支援・協力のお陰と感謝しています）。
○そのためにも、校長自身が幅広い視点から学習する、他から謙虚に学ぶ姿勢を持つことにも心掛けました。具体的には、
・県教育委員会・PTA・地域関係機関をはじめ、全国の過去から交流のあった校長先生方と連携を図り、相談し資料収集等にも努めました。
・東京等へ出張した時は文部科学省や大学、高校等も訪問し、指導を受けたり、資料収集に努めました。また他の地区も同様に努めました。
・地域等における中学校訪問や管理職・主任等、先生方との交流をはじめ、企業等異業種の方々との意見・情報交換等に努めました。
・職員、生徒会（生徒）、保護者等の意見を聞くことなどを大切にしま

した。

○校長をはじめ教職員、生徒、保護者の意識改革や学習、自己向上のために、

・外部から講師を招いての職員、生徒、保護者向けの各種講演会の実施。

・文部科学省等の研究指定校の推進（校長１校目２つ、２校目２つ、３校目４つの研究指定を受け研究を推進したことは、先生方の指導力の向上、生徒の主体性の育成、学校活性化にもつながりました）。

・管理職・教職員の研修、学校訪問等の出張の積極的推進。

・PTA 役員、教職員を交えた県外大学、高校、企業等訪問等の推進。

・学校行事の研究と活性化などに努めました。

○教職員の人材育成のためにも、同一主任原則３年とし、有能な教職員の昇任にも積極的に努めました。

○他校からの学校訪問等は全て受け、職員研修の場としても努力しました。

○どの学校でも生徒の教育で重視したことや先生方にお願いしたことは、

・人間教育を大切に生徒の健全育成のため、文武両道を積極的にすすめ、部活動加入率の向上、時間の効率的活用等推進しました。

・生徒一人ひとりの適性・個性を的確に把握し、最大限に伸ばすこと。朝・夕の SHR は正・副担任で対応、相談等お願いしました。

・入学した生徒は不適応・退学者を出すことなく卒業まで最善を尽くしていただくこと（先生方の努力で校長12年間で11年は退学０人）。

・学習指導と生徒指導は二而一如を徹底、授業研究（わかる授業、定着確認等）、基本的生活習慣の徹底など強く進めてもらいました。

・家庭との連携の徹底、遅刻、欠席時等の家庭との緊密な連絡と指導、生徒との面談、必要な時は家庭訪問等の推進を図ってもらいました。

○校長12年間、特に危機管理対策については、特に留意し特別な配慮をし、指導を徹底しました。

○保護者に学校を支援していただくために保護者との連携を密にしました。

・どの学校でも、PTA 総会を年１回。学年 PTA 会を学期１回、年３回実施し、PTA 総会出席率98％以上、学年 PTA 会出席率95％以上を目指して努力し、達成することができました。

・PTA 役員会は学校によっては月１回、地区会等も実施しました。
・最後の学校では、父親委員会、母親委員会なども推進しました。

○ PTA 役員を中心とした保護者の方々には高校総体での応援、学習会、学習合宿での協力・支援、学校行事（文化祭・体育祭）への協力支援、大学受験等への協力、卒業謝恩会の実施など積極的に協力いただき、教職員の志気の向上や学校活性化へ向け貢献いただきました。

○特に最後の勤務校では、九州地区四校会、五校会の連携（現在は七校会まで発展）、教職員の研修など推進されました。

今回、北海道から沖縄まで89名の先生方の玉稿を読ませていただき、私の若い頃を思い起こしつつ、私自身の多くの新たな、参考となる学びとなったことを有難く感謝しています。

この貴重な実践の記録は、全国の先生方に役立つものとなると確信しています。ご執筆いただいた先生方同士がこれを機に出会い、連携され、親交を深められ、今後、情報交換等積極的に進められることも期待しています。

さらに先生方が大きな輪、結束ある集団となって、今後の日本の将来を担い、日本の発展に貢献する生徒達の育成へのご尽力も期待します。

今回、出版に当たって、「刊行に寄せて」でお世話になりました大槻達也先生は、先生が文部科学省初等中等教育局教育課程課長、同企画課長、国立教育政策研究所長時代から現在まで長年にわたってお世話になり、ご指導いただいています。今回のご寄稿では2004年にご執筆いただいた『実践的学力向上論』で指摘された高大接続改革の重要性とそれがまだ達成されていないことや、先輩教師に学ぶことの重要性を国際的な動向や各種調査研究を引きながら説明していただき、とても感謝しています。

小林万里子先生は、文部科学省初等中等教育局国際教育課長時代から全国 SGH 研究指定校等を中心にご指導いただくとともに資料提供や情報交換をはじめとして、異動された日本学術振興会や文化庁文化資源活用課長時代も交流いただきました。現在は、佐賀県副知事として広い視野から重要な仕事に取り組まれています。今回はご多忙な中、佐賀県の歴史にも触れながら、世界的な課題解決に向けて、教育が大切であることを分かりやすく教えていただいています。

長尾篤志先生は、先生が文部科学省初等中等教育局教科調査官（数学担当）として入省以来、全国理数科研究会、各地の研修会等でお世話になり、ご指導いただくとともに、東京訪問の際は、文部科学省で面会いただき、資料提供やご指導等いただいています。今回のご寄稿では、長尾先生ご自身の教職の歩みとともに、数学以外の先生方との研究交流や切磋琢磨が大切なこと、理論と実践が共に重要であることを分かりやすく教えていただいています。

上村肇先生、笹のぶえ先生は、毎年開催される全国高等学校長会、全国普通科高等学校長会でお世話になるとともに、東京訪問の際は、事務局で面会いただき、全国的な観点で多くの情報をいただくとともに、情報交換等させていただき、学習させていただいています。ご寄稿の中で、各執筆者の実践を自らのものとして活用することの大切さを説いていただいております。ありがとうございました。

巻頭論文でお世話になりました合田哲雄先生は、先生が文部科学省初等中等教育局教育課程課長在任中から大変お世話になり、２年前から出版した『校長の実践的学校経営論』『高等学校入学・卒業式辞集』にもご寄稿いただくとともに文部科学省でお会いでする度ごとに新たな学びやご指導等いただいています。「出藍の誉」が大切だと常々お話されておられることを踏まえて、日本の将来を担う高校生を「自立と協働」の観点から育てることの大切さをしっかりと論じていただきました。改めて、お忙しい中にご寄稿いただきました６名の先生方に御礼申し上げます。

最後に編集に当たってご協力いただいた黒木淳一郎先生、山﨑巧先生、並びに今回も出版を勧めていただき、制作に当たってご尽力くださいました学事出版社長の花岡萬之氏ならびに編集部の井上歩美氏、鷹野原美奈氏に御礼申し上げ、「おわりに」の言葉とさせていただきます。

宇田津　一郎

《編著者紹介》

宇田津一郎（うだつ　いちろう）

昭和11年、宮崎県高鍋町生まれ。宮崎県公立中学校（八代）及び宮崎県立高校（高千穂、富島、妻）勤務後、県教育委員会指導主事（8年）、県立小林高校教頭（2年）を経て、県立高校校長を3校（高千穂、高鍋、宮崎西）12年間務める。県立宮崎西高校校長を平成9年退職後、㈶日本生涯学習総合研究所客員研究員、㈳日本理容美容教育センター理事等や㈱ベネッセコーポレーション、駿台文庫、県外私立大学（1校）、県内外私立高校（4校）等の顧問・相談役等を務めた。現在、社会貢献活動として教育機関顧問を務める。旭川観光大使

現職中、全国理数科高等学校長会副理事長、九州地区普通科高等学校長会会長、宮崎県立高等学校長会会長などを務めた。

平成8年には文部大臣表彰（教育）、平成18年には瑞宝小受賞叙勲、平成21年には沖縄県教育長表彰などを受ける。

主な著書に、「心にのこる校長講話集」（共著）、「宮崎西高校の挑戦」（共著）、「SHR“心”の教室」（共著）、「勝ち残るPTA 生き残る高校」（共著）、「教職員定年後」（共著）、「実践的校長論」（編著）、「実践的学力向上論」（編著）、「沖縄県の高等学校教育」（編著）等や、「校長先生の実践録」（共著、非売品）「実践的校長論」（共著、非売品）、「高等学校 入学・卒業式辞集」（編著）等、多数。

雑誌「月刊高校教育」「月刊HR」「教員養成セミナー」等にも執筆。

《編集協力者紹介》

黒木淳一郎（くろき　じゅんいちろう）

宮崎県教育委員会副教育長
前宮崎県立宮崎西高等学校長
前九州地区普通科高等学校長会会長
前宮崎県立高等学校長会副会長
前宮崎県立普通科高等学校長会会長

山﨑　巧（やまさき　たくみ）

鹿児島県立国分高等学校長
鹿児島県高等学校理数科校長会会長
鹿児島県高等学校SSH連絡協議会会長
前鹿児島県立錦江湾高等学校長
前全国高等学校理数科校長会副理事長
前全国高等学校国語教育研究連合会副会長

実践的高校教育論　90人の教育者の仕事・生き方

2020年7月20日　第1版第1刷発行
2020年10月10日　第1版第2刷発行

編著者――宇田津一郎
発行者――花岡萬之
発行所――学事出版株式会社
〒101-0021　東京都千代田区外神田2-2-3
電話 03-3255-5471
http://www.gakuji.co.jp

装　丁　山崎デザイン事務所
印刷製本　精文堂印刷株式会社

乱丁・落丁本はお取りかえいたします。

ISBN978-4-7619-2641-0　C3037